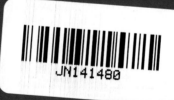

The words of Elon Reeve Musk

イーロン・マスクの言葉

Teruya Kuwabara
桑原晃弥

きずな出版

人類を救う男は、何を考え、何を語ったか——。

はじめに

スティーブ・ジョブズが亡くなったあと、「ポスト・ジョブズは誰か」が話題になったことがあります。当時の最有力候補は、アマゾンの創業者ジェフ・ベゾスでしたが、いまや最も革新的で最もクレイジーな「ポスト・ジョブズ」は、間違いなくスペースＸやテスラモーターズのＣＥＯイーロン・マスクと言うことができます。

ジョブズのキャッチフレーズが「世界を変える」なら、マスクのキャッチフレーズは「世界を救う」です。学生時代から「いずれ枯渇のときが来る化石燃料に、過度に依存した現代社会に変革をもたらし、人類を火星に移住させる」という、ＳＦ小説を凌《しの》ぐほどのクレイジーな夢を大真面目《まじめ》に語り続けていたマスクですが、当初はその言葉に真剣に耳を傾ける人はほとんどいませんでした。

人は「いまそこにある危機」には対処しますが、「やがて来るであろう危機」からは目をそらす傾向があります。マスクと同じ危機感を共有できる人は、ほぼいませんでした。

それはペイパルなどＩＴの世界で成功してからも同様で、当初は「大金を手にした若造のほら話」くらいに思われていました。しかし、そこからマスクは破産覚悟の挑戦を続けることで、世界中の大企業が実現できなかったロケットと電気自動車をつくりあげることに成功。その評価は一転、いまや「クレイジーなイノベーター」の地位を確立しています。

　本書にも登場しますが、人の心を動かすのはパワーポイント上の美しい図表でも、巧みな弁舌でもなく、実際に動く形あるものです。マスクが何を考え、何を目指しているかは、マスクがつくったロケットや電気自動車を見ればわかります。

　ツイートを含めて、マスクの発言にはたくさんの批判が寄せられることがあります。テスラモーターズの将来を不安視する人たちもいます。しかし、マスクの掲げるビジョンは壮大で、その実現力や失敗にひるまない復活力、突破力はあまりに魅力的です。

　本書はそんなマスクの「言葉」を収録したものです。その言葉を辿《たど》れば、マスクの生き方や考え方も自ずと浮き彫りになるはずです。現代は夢を持ちにくい時代ですが、そんな時代だからこそマスクの言葉は生きる力になると信じています。

　マスクの言葉が明日への活力となり、みなさんの挑戦を後押しできれば幸いです。

桑原晃弥

イーロン・マスク小史

1971（0歳）	6月28日、南アフリカ共和国プレトリアで生まれる
1975（4歳）	＊4月、ビル・ゲイツがマイクロソフトを創業
1976（5歳）	＊4月、スティーブ・ジョブズがアップルを創業
1979（8歳）	両親が離婚。母親と南アフリカの都市を転々とするようになる
1981（10歳）	プログラミングを独学する
1983（12歳）	ソフトウェア「ブラスター」を自作、販売してお金を得る 母親のもとを離れ、父親と暮らし始める
1988（17歳）	プレトリアボーイズ高校で大学入学資格を得る
1989（18歳）	母親の出身地カナダに移住、労働の日々を送る
1990（19歳）	カナダのクイーンズ大学に入る

１９９２（21歳）	アメリカのペンシルベニア大学ウォートン校に入る
１９９５（24歳）	カリフォルニア州のスタンフォード大学大学院に進むが、２日で中退 弟のキンバルと、ウェブソフトウェア会社「ジップ２」を設立 ＊7月、ジェフ・ベゾスがアマゾンのサービス開始（創業は94年7月）
１９９８（27歳）	＊9月、ラリー・ペイジ、セルゲイ・ブリンがグーグルを創業
１９９９（28歳）	ジップ2をコンパックに売却、２２００万ドルを得る オンライン金融とメール支払いサービス会社「Ｘドットコム」を設立 ＊アメリカでＩＴバブルが始まる
２０００（29歳）	Xドットコムがコンフィニティ社と合併（のちに『ペイパル』となる）
２００１（30歳）	＊9月11日、アメリカで同時多発テロ。ＩＴバブルが終わる
２００２（31歳）	ペイパルをイーベイに売却、１億６５００万ドルを得る ロケット開発会社「スペースＸ」を設立、ＣＥＯ兼ＣＴＯに就任

2004（33歳）	電気自動車会社「テスラモーターズ」に投資 ＊2月、マーク・ザッカーバーグがフェイスブックを創業
2006（35歳）	太陽光発電会社「ソーラーシティ」を2人のいとこと設立、会長に就任 テスラがスポーツカータイプの電気自動車「ロードスター」を発表 スペースXが初のロケットを打ち上げるが失敗
2007（36歳）	＊アメリカでサブプライム住宅ローン危機が急速に悪化
2008（37歳）	テスラの会長兼CEOに就任 テスラがロードスターを発売開始 スペースXが4回目のロケット打ち上げで初の成功 ＊リーマン・ブラザーズ倒産を契機に世界的金融危機が起きる
2009（38歳）	テスラにダイムラーが出資 テスラが高級電気自動車セダン「モデルS」を発表

2010（39歳）	テスラとトヨタが提携を発表 テスラが株式公開
2011（40歳）	福島県相馬市を訪問し、太陽光発電を寄贈 ＊10月、スティーブ・ジョブズが死去
2012（41歳）	多くの富豪が参加する慈善活動「ギビング・プレッジ」に参加 スペースXの「ドラゴン」が国際宇宙ステーションとドッキングに成功 テスラがモデルSを発売開始
2013（42歳）	超高速輸送システム「ハイパーループ」構想を提案
2014（43歳）	来日して安倍晋三総理と会談
2017（46歳）	ドナルド・トランプ大統領のもと、大統領戦略政策フォーラムのメンバーになったが、トランプがパリ協定離脱を表明したため辞任
2018（47歳）	「テスラを非公開企業にする」などの発言で、世界を騒がせる

イーロン・マスクの人生

ここからはイーロン・マスクの人生を、ざっとまとめて書いてみたいと思います。後の本編で出てくる言葉と重複するところもありますが、最初に時系列で追っておくことで理解しやすくなると思うので、お付き合いください。

◆「出生～ペイパル」

イーロン・マスクは1971年6月28日、南アフリカ共和国の首都のひとつ（行政府）であり、アフリカ有数の大都市でもあるプレトリアで生まれています。

父親はエロル・マスク、母親はメイ・ホールドマン。3人兄弟の長男として育ちます。父のエロルは地元のエンジニアであり、何かわからないことがあるとすぐに「どうなっているの？」と尋ねるマスクに、何でも教えてくれました。母親のメイは栄養士で、モデルもやっていたという美貌の持ち主です。しかし、マスクが８歳の頃に両親は離婚、マスクは母親に連れられて、弟や妹とともに南アフリカの都市を転々としています。

子ども時代のマスクの特徴は、無類の読書好きだったことです。１日に２冊の本を読み、ファンタジー小説やＳＦ小説をたくさん読んだことが、のちの「世界を救う」につながっているかもしれない、とマスクは話しています。

コンピュータにも人一倍関心を持っていました。10歳でプログラミングを独学でマスターし、12歳のときに自作の対戦ゲームソフトを売り、５００ドルを手にしているほどです。

12歳のとき母親のもとを離れて父親のところに行き、18歳で母親の出身地カナダに単身移住しています。アメリカの「やる気さえあれば何でもできる」という精神と、最新のテクノロジーへの憧れからですが、アメリカへの移住は簡単ではありませんでした。

隣国カナダで母親の親戚の家を転々としながら労働の日々を送ったのち、19歳でカナダのクイーンズ大学に入学。２年後に奨学金を得て、ようやくアメリカのペンシルベニア大学ウォートン校に進んでいます。同校で物理学と経済学の学士号を取得したマスクは、１９９５年、応用物理学を学ぶため、スタンフォード大学の大学院物理学課程に進みますが「新聞などのメディア向けに、ウェブサイトの開発などを支援するソフトウェアを提供する」というアイデアを思いつき、わずか2日間で退学。

そして弟のキンバル・マスクとともにオンラインコンテンツ会社「ジップ2」を起業しています。これが初めての起業です。

しかし起業はしたものの、当時のマスクには資金がありませんでした。アパートより安い賃貸オフィスを借りて、そこで寝泊まりをして、シャワーは近くのYMCAで浴びて、たまに行くファストフードが唯一のごちそうという、貧しい生活だったと言います。

しかし、やがてITブームが到来。マスクの会社も順調に成長。１９９９年にコンパックに3億７０００万ドルで買収され、マスクも２２００万ドルを手にしています。

そのお金を基にマスクは次の夢に向かいます。オンライン金融サービスと電子メール支払いサービスをおこなう会社「Xドットコム」の立ち上げです。

ちょうどその頃、ピーター・ティールが創業したコンフィニティという会社も同様のシステム「ペイパル」を開発、オークションサイトの「イーベイ」で使われ始めていましたが、２０００年にXドットコムとコンフィニティは合併、社名を「ペイパル」とし、最大株主のマスクは会長（のちにCEO）に就任しています。

すぐれたサービスを生み出しながら権力闘争も多かった会社ですが、ペイパルの成功こそが、マスクにその後の「世界を救う」ための挑戦を可能にしてくれたのです。

◆「ペイパル～ロケット開発の夢」

２０００年３月、Ｘドットコムとコンフィニティが合併して誕生したペイパルのＣＥＯにはビル・ハリスが就任。マスクは会長となり、ＣＦＯにはピーター・ティールが就任しています。合併によって無益な競争から解放され、資金調達も順調に進んだこともあり、この合併も最初は成功したように見えましたが、両社の企業文化の違い、マスクとティールの考え方の違いもあって、社内での抗争は激しさを増していきます。

そのためマスクがハリスに代わってＣＥＯに就任、Ｘドットコムへのブランドの統一を進めようとしたものの、マスクがシドニーオリンピックの観戦に出かけた隙を狙ってクーデターが勃発、マスクはＣＥＯを解任されています。コンフィニティの創業者マックス・レブチンによる「ペイパルの乱」です。

代わってピーター・ティールが暫定ＣＥＯに就任していますが、この休暇中の解任劇はマスクにとって、トラウマになってもおかしくないほどの出来事でした。今日、マスクは週１００時間といった猛烈な働き方をして、休みはほとんどとらなくなっていますが、この苦い経験が影響しているとも考えられます。

ＣＥＯを解任されたマスクは会社の相談役に棚上げされることになりますが、このとき怒りに任せて会社を辞めたり株式を売却していたら、いまのマスクはなかったかもしれません。「ピーターを支持して、いい人を貫いた」マスクは、ペイパルの筆頭株主として自らの資産を増やしています。マスクのもくろみ通りペイパルは順調に利用者を増やし、２００２年2月に株式を公開、時価総額は12億ドルに達しました。

この絶好のチャンスに、かねてよりペイパル買収を考えていたイーベイに会社を15億ドルで売却、マスクは１億６５００万ドルを手にすることになりました。

この資金を基にマスクがまず乗り出したのが宇宙ビジネスです。

ただし、最初からロケット開発を考えていたわけではありません。最初に考えたのは、火星に「バイオスフィア」と呼ばれるミニ地球環境を持ち込んで、植物を栽培する構想でした。専門機関に費用を調査してもらったところ、マスクの手元資金で十分可能でした。問題は必要な資材を運ぶためのロケットです。ボーイング社製のロケットを使うと、莫大なコストがかかります。マスクはより安い方法を求めてロシアに出かけ、交渉を重ねますが、ロシア製には信頼性が欠けていました。

普通はアメリカ製もダメ、ロシア製もダメとなれば、計画そのものをあきらめるところですが、マスクは「安くて信頼性の高いロケットを誰もつくっていないのならば、自分でつくればいい」と考えたのです。これが、マスクがロケット開発に乗り出した理由です。

2002年、マスクはスペースXを設立。火星への人類の移住を本気で目指すことになりました。マスクによると、かつて恐竜が絶滅したように人類にも滅亡の危機が訪れるとすれば、「多くの人を火星に運ぶ方法を考える必要」があり、それを可能にするのがスペースXのつくるロケットとなります。多くの人にとっては笑い話でも、マスクにとって「世界を救う」ことは長年の使命だったのです。

◆「スペースX、テスラ起業～苦難の時代」

2002年、スペースXを設立したマスクが事業開始にあたって目指していたのは「宇宙分野のサウスウエスト航空」になることでした。同社は〝格安航空会社の雄〟として低価格、低コストを実現、企業としても優良企業として知られていますが、同様にスペースXも宇宙ビジネスの「価格破壊」を実現しながら優良企業を目指そうとしました。

長い間、宇宙ロケットの打ち上げは各国政府の手厚い支援を受けた大手企業が担ってきています。そこでは軍需産業と同じく、価格やコストよりも性能や国の威信のほうが重視されています。そこに挑戦したのがスペースＸですが、一方でロケットの開発にはとてつもないリスクがつきまといます。

１９５７〜１９６６年まで、アメリカでは４００基を超えるロケットが打ち上げられ、そのうちの１００基以上が爆発したといいますから、スペースＸのような実績を持たない民間企業が短期間（計画では設立から15ヵ月で打ち上げ）でロケットを開発して打ち上げるだけでなく、いずれは火星に人を運ぶなど、当時でさえあまりに無謀な挑戦でした。

さらに、ロケット開発には莫大な資金が必要になります。

当時、マスクはペイパルの売却によって1億ドルを超える資金を手にしていましたが、それでさえ国が用意する資金とは比較になりません。こうした不利な条件を抱えていたにもかかわらず、設立から10年足らずでロケットの打ち上げを相次いで成功させたばかりか、国際宇宙ステーションに物資や人を運ぶＮＡＳＡとの巨額契約にこぎ着け、大手企業を押しのけた商業用の人工衛星の打ち上げも多数受注するようになったのですから、驚きです。

しかし、もちろんそこに至る道は平たんではありませんでした。

スペースＸが初めてロケットの打ち上げに挑戦した２００６年3月には、発射からわずか25秒で制御不能となり地上に落下しています。２度目の挑戦は２００７年3月ですが、このときもロケットは空中分解して爆発しています。３度目の挑戦は２００８年8月で、ロケットの第一段と第二段が切り離された際に爆発事故を起こしています。

「こんなことでへこたれるな。すぐに冷静になって、何が起きたのかを見きわめて、原因を取り除けばいい。そうすれば失望は希望と集中に変わるんだ」

　マスクはこう言って、うちひしがれる社員を励ましましたが、じつはマスク自身もこの時期にはどん底を迎えていました。マスクは２００４年に「テスラモーターズ」に出資、電気自動車の開発に取り組んでいましたが、こちらも「ロードスター」の開発が遅々として進まず、マスクは資金的に苦境に立たされていました。

　テスラがロードスターの開発に要した期間は4年半、資金は1億４０００万ドルにのぼっています。その多くをマスクは個人資産と個人で調達する資金で支えていますが、一向に車は完成せず、一方でスペースXの相次ぐ失敗もあって、「スペースXを取るか、テスラを取るか、それとも共倒れか」という選択を迫られることになりました。「共倒れ」にはもちろんマスクも含まれていました。

◆「奇跡を起こす」

自動車開発も宇宙ロケット開発も莫大な資金を必要とします。開発に要する期間も長くかかるし、当然そこには失敗のリスクもあります。だからこそ自動車や宇宙ロケットをつくることのできる国は限られていますし、国の支援を受けることで開発を進めている企業が少なくありません。そう考えると、マスクのように個人資産でこうした巨大産業に挑戦するというのはたしかに無謀といえますが、それを支えるのはマスクの「電気自動車の未来を切り拓きたい」「人類を宇宙に送り込みたい」という強い使命感です。だからこそマスクは、テスラとスペースXを救うために個人資産をつぎこみ、現金をつくるためにマクラーレンなどの金目の資産を次々と売り払い、友人に借金までして挑戦を続けています。

マスクの執念がようやく実る日が来ました。

２００８年９月、これが失敗したらすべてを失うという４度目の挑戦の日。ついにロケット「ファルコン１」を軌道に投入することに成功しました。

それは周囲の「できるわけがない」という侮《ぶ》蔑《べつ》を覆す快挙であり、マスクは「この地球上で達成できたのはわずか数カ国しかありません」と高らかに勝利宣言をしています。

最高の瞬間でした。しかし、一方にはテスラの破産の危機も迫っていました。テスラを救うためにマスクが取り組んだのが、ＮＡＳＡとの交渉でした。ちょうどＮＡＳＡが宇宙ステーションへの補給契約の相手を探しており、４度目の挑戦でロケット打ち上げに成功した実績を背景にマスクは交渉を進め、２００８年12月に16億ドルのロケット打ち上げ契約（12回分の補給契約）を獲得しています。

この契約のお陰で倒産の危機を免れることができたテスラも、ようやく２００８年に超高級スポーツカータイプの「ロードスター」を発売することができました。

発売当初、大手自動車メーカーの反応は冷ややかなものでした。「あんな車は誰でもつくれる」と無視していましたが、電気自動車にしてスポーツカーというコンセプトが受けたのか、俳優のレオナルド・ディカプリオやブラッド・ピット、ジョージ・クルーニーや、カリフォルニア州知事も務めたアーノルド・シュワルツェネッガー、グーグルのラリー・ペイジといった著名人の支持を得ることができました。

同時にロードスターは電気自動車に対しての一般的な「ダサい」というイメージを覆し、電気自動車でもすごい車がつくれることを証明したという点で画期的な車となりました。

マスクの望んでいた最初の革命は起こすことができたわけですが、次なる問題はスペースＸと同じく「より良く、より安く」を実現することでした。それが実現できて初めてマスクの「世界を救う」に大きく近づくことができるのです。

◆「栄光か挫折か」

最初の打ち上げに成功して、ＮＡＳＡとの大型契約を締結して以降、スペースＸは下請け業者に頼ることなく、すべてをアメリカ国内で、自前でロケットをつくり上げることで圧倒的な低コストを実現しています。たとえば日本のＨ-ⅡＡロケットの打ち上げコストが約1億ドルとすると、スペースＸのファルコン９は約６０００万ドルと、３〜４割安くなっています。これでは「宇宙ロケットのライバルで脅威を感じているのはスペースＸだ」と日本の関係者が危機感をあらわにするのも当然のことです。

ＮＡＳＡからの信頼も厚いものがあります。

２０１４年９月、ＮＡＳＡはスペースシャトルの後継機として２０１７年に初飛行を目指す有人宇宙船の開発を、当初ボーイング一社のみと見られていた下馬評を覆して、スペースＸが26億ドルで受注しています。

さらにマスクはこれまで使い捨てが常識だったロケットを何度も使えるようにしようと挑戦を続け、２０１５年には陸地の発射場、２０１６年には海上のはしけ船にまっすぐ着地させることにも成功しています。打ち上げにかかる燃料費30万ドルに対し、ロケット本体のコストは６０００万ドルです。もしマスクが言うように一基のロケットを百回使うことができるようになれば、ロケット打ち上げのコストはほとんど燃料費だけでよくなります。

もちろんすべてが計画通りにいくわけではなく、さまざまな失敗もしていますが、こうしたコスト構造が可能になれば、マスクの目指す低価格でのロケット打ち上げ、そして火星へ低価格で人を運ぶという夢物語が俄然現実味を帯びることになります。

ロケット打ち上げの低コスト化が進むのと同じように、テスラがつくる電気自動車の低価格化も着実に実現しようとしています。ロードスターは10万ドルを超える高額な車でしたが、２０１２年に「モデルＳ」、２０１５年にＳＵＶ車「モデルＸ」を発売。２０１７年に生産を開始した4ドア車「モデル３」は「３万５０００ドルから」と、一般の人でも手が届く価格に近づきつつあります。いまはまだ量産化の壁を前に悪戦苦闘していますが、この壁を乗り越えることができれば「モデル３」の人気は他車を圧倒するものとなるはずです。

インフラの整備にも積極的で、充電スタンド「スーパーチャージャー」の拡充や特許の無料開放など、電気自動車の本格普及に向けて着々と手を打っています。

その間、大手自動車メーカーのダイムラーやトヨタ自動車から資本提供を受けたこともあれば、２０１０年にはアメリカの自動車メーカーとしてはフォード以来という株式公開を果たしてもいます。リコール問題や生産の遅れなどいくつもの問題がありましたが、いずれも乗り越えるか、何とか乗り越えようとします。

あのスティーブ・ジョブズも、たしかにいくつもの業界で革命を起こしましたが、マスクが乗り込んだ業界は自動車やロケット開発、電気事業とまさに国家的な事業ばかりです。

言わば、国家を相手にして革命を起こしたという点で、マスクの企業家としての評価は危うさの一方で、「不可能を可能にしていく経営者」として世界の注目を集め続けています。

そうした注目度の高さから、ときに「何気ないつぶやき」がテスラの株価を大きく下げることもありますが、もしいまの勢いで会社を経営し続けることができれば、10年後の自動車市場はいまとは違うものになるでしょうし、もしかしたら火星に向かってロケットが打ち上げられるかもしれません。イノベーションの条件は「クレイジー」であることですが、まさにマスクはみんなが「クレイジー」という夢を、本当に実現する正真正銘のイノベーターなのです。

さて、いよいよこのあとの本編では、マスクの「言葉」にふれていきましょう。

第1章 すべては壮大なビジョンから始まる

第2章

最高のアイデアも、実行しなければゴミと一緒

第3章 本物のイノベーションは、クレイジーの先にある

第4章

絶望は強烈なモチベーションになる

第5章 圧倒的な成果が欲しければ、地獄のように働くしかない

第6章

成功には「才能の集中」と「重力」が欠かせない

第7章

お金は「人類を救うため」に使え

第8章 世界を変える男の私生活

イーロン・マスクの言葉

The words of
Elon Reeve Musk

第1章

すべては
壮大な
ビジョンから
始まる

常に世界を劇的に変える何かに
関わりたいと思い続けてきた

「好きを仕事にする」という言い方があります。自分が大好きなことや、得意なことを仕事にできれば、仕事はやりがいのあるものになり、たとえつらいことがあってもがんばることができる、という意味です。

しかし、大半の人にとって「好きを仕事にする」ことは難しく、結局は「仕事は仕事、好きなことは趣味として楽しむ」ことになるというのが一般的な見方です。こうした考え方に対して、マスクは「好きなこと」よりも、もっと大切なことを仕事として選んでいます。

マスクがコンピュータに初めて出会ったのは10歳のときです。父親に買ってもらったコモドール社のコンピュータに夢中になり、プログラミング言語「ＢＡＳＩＣ」の手引書をわずか３日で読破。12歳のときには自作の対戦ゲームを売って５００ドルを手にするほど熱中しています。

これほどの才能があればゲームの世界に進むことも十分可能でしたが、マスクは「心の底から好きなことではあっても、生涯の職業として人生を賭けることはできない」として、別の道を選んでいます。何をやりたかったのでしょうか？

「常に世界を劇的に変える何かに関わりたいと思い続けてきた」

マスクにとって「世界を変える」ことこそが人生を賭けるに相応しいものだったのです。

私は投資家ではない。
未来に必要な技術、有益な技術を
実現したいだけなんだ

起業家にも2つのタイプがあります。ひとつは流行《はや》りそうな事業を起こして、ある程度成功したところでどこかの企業に売却してお金を手にしようとするタイプ。言わば「シリコンバレーゲームの勝者」を目指すタイプです。そしてもうひとつは「本物の企業」「世界を変える事業」などをつくり上げようという情熱から起業するタイプです。

後者の代表の1人はスティーブ・ジョブズですが、現在の代表格はマスクです。マスクの関心は早くから「インターネット」「宇宙」「再生可能エネルギー」にあり、高校生の頃から「他の惑星への移植」を口にするほどの筋金入りです。そして、そのために起業をして、インターネットの世界で得た大金をスペースXやテスラモーターズに投じています。

どちらもリスクの高い事業ですが、マスクは急ぐ理由をこう話しています。

「技術の水準は常に向上し続けているわけではなく、ときとして落ちることもある。技術レベルが落ちないうちに能力を高め、火星や月に自給自足できる拠点をつくる必要がある」

目指すのは大金持ちになることよりも「世界を救う」技術をつくり上げることというのがマスクの考え方です。こう話しています。

「私は投資家ではない。未来に必要な技術、有益な技術を実現したいだけなんだ」

金目当ての平凡な起業家とは違うという強い自負心が、マスクにはあります。

世界の未来にとって重要だと思うことがいくつかある。その中でも私が自分自身の努力で変えられると思っているものを、EVのテスラとスペースXでおこなっている

「させてもらえない不満を言う代わりに、してよいことを次から次へとおこなう」はピーター・ドラッカーの言葉です。ビジネスパーソンの中に「会社はやりたいことを何もさせてくれない」と不満を口にする人がいますが、本当でしょうか？　たしかに人は制約の中にいて、やりたいことのすべてができるわけではありませんが、成果を上げる人は「できない不満」を言う代わりに「できること」を次々とやって、結果、何かを大きく変えていくのです。

マスクは幼い頃から「世界を救う」物語が大好きで、学生時代には早くも人類の未来にとって「持続可能な方法でのエネルギーの生産と消費、さらに火星や月に自給自足できる環境をつくり、地球と行き来できるようにすることが大切だ」と考えるようになっています。

どちらもあまりに壮大なテーマですし、個人でできることには限りがあります。普通の人であれば、「個人では無理だ、国や政治家に任せよう」となるところですが、マスクの考え方は違い、こう考えました。

「世界の未来にとって重要だと思うことがいくつかある。その中でも私が自分自身の努力で変えられると思っているものを、ＥＶのテスラとスペースＸでおこなっている」

真に成果を上げる人は「何ができないか」ではなく「いま、何ができるか」を考え、全力を尽くすのです。

自分でなくても
世界を変えられる人がいる

マスクに最初の成功をもたらしたのは、インターネット関連の「ジップ2」と電子決済会社「ペイパル」ですが、ここで大金を手にしたマスクはあっさりとＩＴ業界から身を引き、まるで違う自動車業界や宇宙ロケット開発へと転身しています。

普通の人であれば成功をおさめた業界に身を置いて、さらなる成功を目指すものですが、マスクが次に選んだ業界はＩＴ業界とはまるで違う、巨額の資金、大規模な設備などを必要とする、アメリカを代表する大企業が君臨する世界でした。

なぜ成功した業界を離れ、リスクの高い業界を選んだのでしょうか。こう話しています。

「自分でなくても世界を変えられる人がいる」

マスクがペイパルを離れた２０００年当時と言えば、スティーブ・ジョブズがアップル第二の黄金期を築き上げる直前であり、グーグルやアマゾンも成功への道を歩み始めていました。たしかに当時のＩＴ業界には世界を変えてみせた人や、世界を変えようと懸命に突っ走っている人がたくさんいたのです。

一方でマスクには学生時代からの「世界を救う」という強い思いがあり、それはマスクにしかできないことでした。自分以外の誰かができるのなら、そこに関わる必要はありません。代わりに自分にしかできないことで世界を変えるというのが、マスクの生き方でした。

ほとんどの人は何も知らないんだ

問題意識というのは「知る」ことから生まれます。知れば「どうすべき」を考えますが、知らなければ考えることさえしようとはしません。もっとも、知ったからといってみんなが行動に移せるわけではありませんが、まずは「知る」ことがすべての前提になります。

マスクがなぜ電気自動車や太陽光発電にこれほどこだわるかというと、大学時代に抱いた危機感があるからです。こう話しています。

「大学で物理を学んでいた頃、地球上の資源は限られていて、対策を何もとらなければ、いま当たり前にしている『移動する』という行為自体が困難になると考えました」

石油に限らず資源には限りがあります。さらに石油などの資源を使って発電する限り、電気自体も限界を迎えます。だとすれば、太陽光など自然エネルギーによる発電と電気自動車を組み合わせることが、唯一の解決手段というのがマスクの考え方でした。だからこその太陽光発電であり電気自動車のテスラモーターズなのですが、そんなマスクの悩みのひとつはこうした事実が十分に周知されていないことです。こう嘆いたことがあります。

「ほとんどの人は何も知らないんだ」

人々の無知を嘆くだけでなく、「やがて来る危機」への解決策を同時に用意しようと、マスクは奮闘を続けているのです。

私たちは暗闇の中を導く光のようなものです。私たちの事業により、電気自動車の導入が5～10年早まりつつあります。

それは人類という生物種が生き延びるうえでは重要な時間です

マスクが太陽光発電の「ソーラーシティ」を創業し、電気自動車のテスラモーターズに出資した本当の理由は「火星を人類の居住地に変える」ための一種の〝時間稼ぎ〟からです。マスクによると、現在人類がエネルギー源として多くを依存している石油について、２０５０年頃には油田が枯れるという可能性があるとのこと。もちろんシェールガスの発見などによって時期にズレが生じることはありますが、こうした資源が有限であり、いまのペースで人口が増えていった場合、いつか限界が来るのは当然のことです。

マスクの究極の目的は火星を人類の居住地に変えることですが、そのためには解決すべき課題が山とあり、「どちらが先か」という問題になります。そしてもし資源の枯渇が先に来てしまえば、「世界を救う」ことは不可能になります。そこでマスクが考えたのが、太陽光発電と電気自動車の普及によって、世界を石油依存から脱却させることで、火星を居住可能にするための時間を稼ぐことでした。こう話しています。

「私たちは暗闇の中を導く光のようなものです。私たちの事業により、電気自動車の導入が５～10年早まりつつあります。それは人類という生物種が生き延びるうえでは重要な時間です」

マスクにとっても、世界を救うためには時間と準備が必要なのです。

人類は限界に挑む意欲を失ってしまった

マスクやアマゾンの創業者ジェフ・ベゾスはなぜ宇宙事業に夢中になるのでしょうか。

２０１３年、ベゾスはアポロ11号を月へ送り込んだサターンＶロケットのＦ１エンジンを、海底から回収することに成功しました。その際、アポロ11号の成功が自分の科学への探求の情熱に大きく寄与したことに感謝するとともに、今回の試みが若い人たちの発明や探求への思いを駆り立ててくれたら嬉しいと述べています。

宇宙への思いの強さではマスクも負けていません。ところが、若き日のマスクがＮＡＳＡのウェブサイトを見たところ、そこには火星探査に関する情報は何ひとつありませんでした。マスクはこう嘆きました。

「人類は限界に挑む意欲を失ってしまった」

マスクにとってアメリカは、人類の冒険欲と切っても切れない関係にあり、ＮＡＳＡは常にその先頭を走る存在でした、しかし、そのサイトからフロンティアスピリットが感じられなかったことにマスクはショックを受けたのです。

アメリカやＮＡＳＡがやらないのなら、自分がやるしかない。

宇宙への旅を実現してアメリカンスピリットを取り戻し、人類にも夢や希望を与えたいというのが、マスクのスペースＸ創業の理由のひとつなのです。

大事なのは、
私が火星に行けるかどうかではなく、
数多くの人々が行けるようにすることだ

「イノベーションの成果は、普通の人間が利用できるものでなければならない」はピーター・ドラッカーの言葉です。世の中の大半はごく普通の人たちです。どんなにすぐれた製品も、使い方が難しかったり、価格が驚くほど高くては、普通の人の役には立ちません。

これでは本当のイノベーションは起こりません。誰もが使えるもの、多くの人が手にできるものをつくり上げてこそ真のイノベーションと言えるのです。マスクがスペースXで取り組んでいるのは、まさにごく普通の人が火星に移住できるようにすることです。

宇宙旅行というと、かつてデニス・チトーが約20億円をかけて国際宇宙ステーションに滞在したように、どうしても大金持ちの道楽をイメージしてしまいます。

しかし、それでは普通の人には宇宙旅行など望むべくもありません。

マスクの目指すものはもっと身近なものです。こう話しています。

「大事なのは、私が火星に行けるかどうかではなく、数多くの人々が行けるようにすることだ」

マスクが目指すのは火星に8万人が移住できるコロニーを建設し、1人当たり50万ドルくらい（カリフォルニアに家が買える値段）で移住できるようにすることです。イノベーションは普通の人に利用できてこそ、本物のイノベーションと呼ぶことができるのです。

1%の危機というのはなお、相当な努力を費やす価値があるのです

災害などの発生確率というのは高ければ危機が迫っており、低ければ安心というものではないようです。日本でも地震の発生確率が極端に低い場所で大きな地震が起こり、甚大な被害をもたらしていますが、確率の低さがかえって安心感を与えていたのでは、という見方もあるほどです。火山の専門家によれば、たとえ1%でもそれは「いつか起きる」ということであり、「起これば大きな被害を確実にもたらす」ことになるのです。

マスクは早くから「人類の火星への移住」を唱えていますが、かといって「いますぐに人類に危機が訪れる」と考えているわけではありません。

「地球は多分長い間、大丈夫だろう」と断ったうえで、しかしこう話しています。

「たとえ99%くらい確かだとしても、1%の危機というのはなお、たくさんある惑星に地球の生物圏のバックアップを確保するための相当な努力を費やす価値があるのです」

マスクによると、人類の技術は常に向上し続けるものではなく、資金などの問題もあって、ときに下降したり伸び悩むこともあるといいます。

つまり、危機が間近に迫ったからといって、そのとき確実に対策を取れるとは限りません。だからこそ、「いつか来る危機」に対しては、できるうちに準備をしなければならないというのがマスクの考え方です。

明るい未来を信じられる仕事を創ること、
それこそがリーダー自身の誇りにも
繋がっていくと思うのです

マスクがビジネスに取り組んでいる目的は、とても明確です。

人口爆発と限りある資源という問題を抱える地球環境を守るために、持続可能なエネルギーを実現することと、人類の新しい環境を求め、宇宙への移住を実現することです。

しかし、マスクは決して悲観論者でもなければ、終末論者でもありません。

では、なぜ電気自動車の普及やロケットの開発に懸命になるのでしょうか？　それはリーダーの責務であるというのがマスクの考え方です。こう話しています。

「いまという時代に、私を含めこれからのリーダーや経営者にとって必要なものとは何でしょう？　明るい未来を信じられる仕事を創ること、それこそがリーダー自身の誇りにも繋がっていくと思うのです」

いまという時代は解決すべきたくさんの問題を抱えています。それらの問題を一朝一夕に解決することはできないにしても、解決に向けて着実に歩を進め、結果「持続可能なエネルギーの問題を解決し、別の惑星でも生きていける文明を築き、人類が複数の惑星にまたがって活動できるようになればいい」というのがマスクの願いです。

「どうせなら人類の未来は明るいと考えながら死にたいね」と願うマスクは、だからこそいま、テスラやスペースXに、持てるすべてを注ぎ続けているのです。

すべての大木も元は小さな種。大事なのは成長率だ

マスクが起業に踏み切った理由のひとつは「人類を救う」ことにあります。前述のように、世界の石油産出量は２０５０年には枯渇の危機を迎え、もしその時点でも人々が石油に頼る生活をしていたとすれば、人々は電気を失い、移動手段を失うことになります。

その解決策としてマスクが立ち上げたのが、ソーラー発電の会社ソーラーシティ。

とはいえ、世界が諸手を挙げて太陽光発電に突き進んでいるわけではありません。変わらず石油に依存する国もあれば、原子力を推進する国もあり、国によって普及率には随分と差はありますが、マスクはそんなことは気にも留めていません。２０１１年、カリフォルニアにおける太陽光発電の普及率がわずか１％程度であると指摘され、こう反論しています。

「普及率からすると、全体の１％程度だが、成長率は年率50％程度にものぼる。つまり今後は１％が１・５％になり、それが２％、３％と伸びていく。それにしたって普及率が低いと思うかもしれないが、すべての大木も元は小さな種。大事なのは成長率だ。ソーラーシティの場合、年間2倍のペースで成長している」

こうした考え方はジェフ・ベゾスがアマゾンを創業した理由ととてもよく似ています。

人はとかく「いま」だけを見て判断する傾向がありますが、成功する起業家は「いま」だけではなく「未来の可能性」を見て決断を下しているのです。

The words of
Elon Reeve Musk

第2章

最高のアイデアも、実行しなければゴミと一緒

EVのアイデア自体はかなり古くから
あったのに、なぜ誰もつくらなかったのか。
それはアイデアを実行することが、
思いつくより難しいからだ

アイデアを考えることと、アイデアを形にすることの間にはとてつもなく大きな隔たりがあります。電気自動車の時代を本気で切り拓こうとした最初の挑戦者は、発明王トーマス・エジソンですが、盟友ヘンリー・フォードが広めたガソリン自動車に押されて、その夢はいったん潰《つい》えています。それから100年余りが経過、電気自動車に新しい風を吹き込んだのがイーロン・マスクのテスラモーターズです。

マスクのビジョンは「人間の移動手段を化石燃料から解き放ち、太陽光発電などに基づいた持続可能なものにする」ことですが、そのためには電気自動車を誰もが乗りたくなるような車にして、広く普及させることが必要でした。しかし、現実には電気自動車というアイデアはあっても、誰も本気で取り組もうとはしませんでした。このままでは電気自動車は、画期的ではあっても、世間的には意味のないアイデアに終わってしまいます。

世界を変えるには「すぐれたアイデア」だけではダメなのです。誰もやらないのなら自分でやるのがマスクです。マスクにとって、テスラをスタートさせること、すぐれた電気自動車をつくることはごく自然な流れだったのです。

「アイデアを実行することが、思いつくより難しい」以上、世界を変えるのはいつだってアイデアを「語る人」ではなく、「実行する人」なのです。

こうなったら
自分でロケットをつくるしかない

自分が欲しいものがどこを探しても見つからないとき、あなたはどうするでしょうか？

「ないものは仕方がない」とあきらめるか……それとも？

ペイパルの売却によって莫大な資金を手にしたマスクは、関心のあった宇宙ビジネスへの参入を考え始めます。当時マスクは火星に「バイオスフィア」と呼ばれるミニ地球環境を持ち込んで植物を栽培する構想を立てますが、推定コストは約2・4億ドルでした。

マスクにとって十分に負担可能な金額でしたが、問題は必要な資材をどうやって火星に運ぶかです。ボーイング社製のロケットを使って必要な資材を運ぶとすれば、さらに6億ドルが必要になります。マスクは「ほかに安いロケットがあるのでは」と考え、ロシアに出かけ、関係者と価格交渉をおこないましたが、ロシア製ロケットには信頼性が欠けていることが気になりました。普通の人であれば、ここであきらめますが、マスクはこう決心しました。

「こうなったら自分でロケットをつくるしかない」

誰も安くて信頼性の高いロケットをつくっていないとすれば、自分でつくればいい。

誰も助けてくれないなら、自分でやればいい。

欲しいものがどこにもないのなら、自分でつくればいい。

マスクの生き方はこうした「自力の思想」で貫かれています。

あなたが会社をつくるつもりなら、
最初にやってみるべきことは、
実際に動く試作品をつくることです

素晴らしいアイデアを持っていて、それを会社などでみんなに懸命に話をしているにもかかわらず誰も耳を傾けてくれないとき、あなたならどうしますか？

「こんな最高のアイデアを理解できないなんてバカばかりだ」と愚痴をこぼすだけでは何も始まりません。「もう少し力があれば」と思ってもすぐに偉くなるわけもありません。

では、あきらめるしかないのでしょうか？　マスクはこうアドバイスしています。

「あなたが会社をつくるつもりなら、最初にやってみるべきことは、実際に動く試作品をつくることです。パワーポイント上なら何でも目的通りに動かすことができます。でも実物のデモ製品があれば、それがまだ原型だとしても、人々を説得するにはずっと効果的です」

マスクは電気自動車の素晴らしさを確信していましたが、当時の電気自動車は退屈な役に立たない乗り物に過ぎませんでした。

そんな人々の意識を変えるべくマスクがテスラモーターズでつくり上げたのが、２００６年に発表した電気自動車「ロードスター」でした。それはまさに電気自動車のイメージをがらりと変えるものであり、おかげで世界中の人たちが電気自動車には確実に市場があり、人々はそこにお金を払う、ということを認識したのです。

アイデアがあるならものをつくってみる、それがすべてのスタートなのです。

ほかの車のひどさを知ることも重要だ

すぐれた製品やサービスが〝既存の製品やサービスへの不満〟からスタートすることは珍しくありません。スティーブ・ジョブズがｉＰｈｏｎｅをつくったのは、売られている携帯電話にはらわたが煮えくり返る思いがしたからですが、それはマスクも同様でした。

マスクはＧＭが２０１０年に発売したプラグインハイブリッドカー「シボレー・ボルト」に対し「エレガンスに欠けた妥協の産物に過ぎない」と酷評したばかりか、テスラの駐車場に置かれた現代自動車のセダンやホンダの「アキュラ」に乗り込んだ後、こんな感想を口にしました。

「小人の洞窟みたいだな。ほかの車のひどさを知ることも重要だ」

いずれもテスラに比べれば圧倒的な大企業です。アメリカに限っても、その販売台数はテスラの比ではありません。にもかかわらず、ＧＭや現代自動車、ホンダといった企業の車を痛烈に批判します。電気自動車についても同様です。他社がつくっている車はゴルフカートみたいなものであり、そのイメージを一新するために「ロードスター」をつくった、と堂々と言い切っています。

既存の車に対する強い不満があるからこそ、もっといい車、できるなら世界最高の車をつくりたいという動機が生まれてくるのです。

私はものづくりが好きだし、多くのイノベーションを注ぎ込める分野だ

マスクがアメリカの他の起業家と大きく違うのは「ものづくり」に強いこだわりを持っていることです。アップルなどもそうですが、ほとんどの企業は開発や設計はおこなっても、生産そのものは他社に委託するのに対し、マスクは自社生産にこだわり続けています。スペースXもテスラモーターズも、部品を含めて可能な限り自社での組み立てをおこなっています。これはアメリカの企業としてはとても珍しいことですが、とくにスペースXにおける高い内製化率は他国、他社を圧倒するコスト競争力につながっています。

そこにはマスクのものづくりに対する強い自信と確信があります。こう話しています。

「完全に生産を委託するようなことはわれわれの計画にはない。私はものづくりが好きだし、多くのイノベーションを注ぎ込める分野だ」

「多くの人は、ものづくりを単なるコピーづくりのような退屈なものだと考えているが、我々の考え方は違う」

ものづくりというと、いまだにチャップリンの「モダン・タイムス」のような、人が機械に使われる単調な仕事と思い込んでいる人も少なくありませんが、実際にはたくさんの人間の知恵が注ぎ込まれています。強いものづくりには経営者の強い関心が不可欠です。「ものづくりが好きだ」と言い切れる経営者のいる企業は、確実に強くなるのです。

スケジュールに関しては
楽観的だったかもしれませんが、
結果について大げさな約束をしたことは
ありません

マスクの特徴のひとつは、常に最短スケジュールを口にするところにあります。スペースＸでもテスラモーターズでも、打ち上げ予定日や製品の完成日、納期などについて、みんなが「えっ」と驚くようなスケジュールを口にしては、結果的に延期を繰り返すというのがいつものことです。

ある記者会見の席上、記者から「ファルコン１の当初の打ち上げ予定は２００３年だったはずだが？」と質問され、「そんなふうに申し上げましたか？　そんなバカなことはない」ととぼけたり、延期の理由を述べるなど、マスクの「約束しては延期」は有名でした。

では、なぜそんなマスクが多くの人の期待を集めるのでしょうか？

理由は「約束したことは必ず実現してきた」からです。こう言いきっています。

「スケジュールに関しては楽観的だったかもしれませんが、結果については大げさな約束をしたことはありません。やると言ったことを実行してきただけです」

たしかにファルコン１は、当初のスケジュールより大幅に遅れたものの２００８年には打ち上げに成功していますし、「モデル３」も２０１８年７月には週５０００台の生産目標を達成しています。スケジュールの見通しは甘くとも、約束したことは必ず実行してみせるからこそ、人々はマスクの「人類を火星に」も信じることができるのです。

巨大自動車メーカーが、
私たちを恐れる必要はありません。
彼らが恐れるべきなのは、競合他社が
テスラ社を模倣していくことです

ウォーレン・バフェットによると「他の誰もがやっている（Everybody else is doing it）」は、ときに危険な言葉です。ビジネスの世界ではある企業が何かで成功を収めると、あとを追う企業が次々と登場します。「あそこもやっている」は追随する最高の理由であり、自分たちがやっていることを正当化する理由ともなるのです。

テスラモーターズの成功は、大手自動車メーカーにとって「なんで車の商売のイロハも知らないカリフォルニアの小さな新興企業にできて、ウチにできないんだ」という気持ちにさせるには十分なものでした。その変化についてマスクはこう話しています。

「私たちはまだ非常に小さな会社です。巨大自動車メーカーが、私たちを恐れる必要はありません。彼らが恐れるべきなのは、競合他社がテスラ社を模倣していくことです」

テスラの成功は、巨大企業にとって電気自動車に出ていく十分な理由となりました。先行企業が成功すれば、巨大企業はすぐに追いかけ追い抜けばいいのです。

結果、トヨタやＶＷ、ＧＭやＢＭＷはテスラではなくお互いの動きを注視して、「他社に遅れてはならじ」と開発を急ぐことになるのです。

マスクはこうした大手企業の横並び意識を皮肉る一方で、それを電気自動車の普及に役立たせようというしたたかさも併せ持っているのです。

お客が車を本当に気に入ってくれたら、
自然に我々の宣伝をしてくれます

かつて商品を売るための最も効果的な方法は宣伝でしたが、いまや宣伝以上に顧客体験の実現が重要だというのがジェフ・ベゾスの考え方です。

マスクはさらにはっきりしています。宣伝にお金を使うことはなく、商品である車そのものを良くするために、お金は研究開発とデザインに使うというのがマスクの考え方です。

では、車をどうやって売っていくのでしょうか？　こう話しています。

「お客が車を本当に気に入ってくれたら、自然に我々の宣伝をしてくれます」

製品を広めるうえで広告がムダとは言いませんが、いまの時代、最も効果が期待できるのは実際に製品を買って使ってくれている人たちの生の声です。それも影響力のある人の声であればなおさらです。マスクはこうも言っています。

「テスラに早くから乗ってもらっている人々には非常に感謝している。彼らは一種の影響力を持つパイオニアであり、『モデルＳ』のアンバサダー（大使）のような存在だ。彼らが道を走ることで、ＥＶのことを周囲の多くの人に教えてくれている。それがなければ、我々の成功はない」

大切なのは優れた製品をつくることであり、顧客が「いいね」とネットを通じて広めてくれるほどの体験を提供することなのです。

そんなことは百も承知だ。
これまでそんな車がなかったんだから
当たり前だ

「世界最高の車」をつくるためには「世界最高のパーツ」「世界最高の技術」を使わなければならないというのがマスクの考え方です。そのためイギリスのロータスや日本のパナソニックなどの協力を得ながらつくり上げたのが「ロードスター」ですが、次の「モデルＳ」ではマスクはさらなる挑戦を指示しています。

電気自動車の場合、バッテリーパックがかなりの重量になるため、車を軽量化するためにはボディを軽くする必要があります。そこから生まれたのが鋼板ではなく軽量アルミニウムでつくるという発想です。これ自体かなりの困難が伴いますが、さらにマスクはタッチスクリーンの採用など、自動車業界初の試みにも挑戦しています。当然、車をよく知るスタッフからは「自動車業界にそんな部品はありません」という反論が出てきました。

マスクの反論はこうです。

「そんなことは百も承知だ。これまでそんな車がなかったんだから当たり前だ」

「自動車業界にない」からといって、「どこにもない」わけではありません。

マスクはコンピュータ業界にどっさりあるノートＰＣ用の17インチタッチスクリーンに目をつけ、タッチ技術に磨きをかけることで理想のタッチスクリーンをつくりあげています。「どこにもない車」をつくるためには、業界にとらわれない発想が求められるのです。

私は何をおこなうにも冷静に判断を下す

ペイパルのイーベイへの売却によって大金を手にしたマスクが、次に創業したのがスペースＸです。しかし、この事業に関してはマスクをよく知る人たちからも「本気なのか？」という戸惑いの声が挙がりました。

マスクの親友ジョージ・ザッカリーによると、マスクはマウスに火星旅行をさせて、さらに子どもまで産ませるという突拍子もない話をしていたかと思うと、火星をオアシス化する計画まで口にするようになりますが、それは専門家たちから見れば、「何でもいいから宇宙で奇抜なことをやりたい大金持ちの道楽」くらいにしか見られていませんでした。

事実、どこかのエンジニアの夢物語に乗せられて挑戦した挙句、資産を失った億万長者は少なくないと言います。しかしマスクは違っていました。マスクにスカウトされ、のちにスペースＸに入社するＴＲＷスペース出身のトム・ミューラーは、過去に何人ものバカな億万長者に出会っていますが、マスクは彼らと違って「自分のやりたいことをしっかりと理解しており、マスクならできるのでは」と感じたことが、入社を決める理由となっています。

「私は何をおこなうにも冷静に判断を下す」はマスクの言葉ですが、周囲からはどれほど馬鹿げたプロジェクトに見えても、そこに冷静な計算と勝算があって初めてマスクはリスクをとって挑戦をするのです。決めるのは世間ではなくマスク自身なのです。

組むのは、その分野で
ベストなサプライヤーだ

「偉大な大工は、見えなくてもキャビネットのうしろにちゃちな木材を使ったりはしない」はスティーブ・ジョブズの有名な言葉です。最高の製品をつくるためには見えない細部にまでこだわり抜かなければならない、というものづくりの鉄則を教えてくれる言葉です。

マスクの経営するスペースXやテスラモーターズは、同業他社に比べて内製率が高いことで知られていますが、自社より優れた技術があれば当然のように採用しています。基準はただひとつ、「組むのはその分野でベストなサプライヤーだ」です。

「ロードスター」の開発に際して、マスクが掲げたコンセプトは「世界最高のスポーツカーをつくること」であり、そのために決めたのが「すべてのパーツで世界最高のものを使う」ということでした。なかでも核となるリチウムイオン電池をどこから調達するかは難題でしたが、「電池のありとあらゆる化学的知識に関して業界最強だ」とマスクが評するパナソニックの協力を得られたことで、一気にプロジェクトは前進しています。

世界最高の製品をつくるために絶対にやってはいけないのが安易な妥協です。マスクはパナソニックのほか、タイヤはヨコハマタイヤ、車体はカーボンファイバーのボディを手づくりできるフランスのメーカーと、世界最高にこだわることで最高の電気自動車をつくることに成功しています。組むのなら世界最高の相手を選ぶ。それがマスクの哲学です。

The words of
Elon Reeve Musk

第3章

本物のイノベーションは、クレイジーの先にある

恐れは理にかなったものとして無視する。
理にかなっていても、
前に進むのが遅くなるから

マスクが手がけている宇宙ロケットの開発や電気自動車の開発は、いずれも莫大な資金を必要とする事業ばかりです。目指す目標もあまりに遠大です。２００２年にスペースＸを設立したマスクは、目指すビジョンについてこう明言しました。

「数十億円の私財を投じて宇宙ロケットを開発する。将来は火星への人間の移住を目指すテラフォーミング（惑星地球化計画）の可能性を研究する」

このビジョンはとてもわくわくする夢のあるものですが、聞いた人々の中には「マスクは頭がおかしくなったのか」とあからさまに揶揄《やゆ》する人もいました。

理由はあまりにも解決すべき課題が多く、国家プロジェクトならともかく、いちベンチャー企業が成功するとはとても思えなかったからです。マスクは失敗が怖くはないのでしょうか？「失敗への恐れはある」と言いながらもこう話しています。

「恐れは理にかなったものとして無視する。理にかなっていても、前に進むのが遅くなるから」

「不可能に思えることにはできるだけ無視の姿勢で臨むこと」はマスクとも縁の深いラリー・ペイジ（グーグル創業者）の言葉ですが、失敗を恐れない気持ちはイノベーティブな起業家にとって不可欠な資質と言えるのです。

インターネットとか財務とか法務に詳しい賢い人間が多すぎると思うんだ。そういうこともイノベーションがじゃんじゃん生まれてこない理由なんじゃないかな

「我々が取り組んでいることが信じがたいＳＦのようだと人々が思わないなら、それは大したイノベーションではないということだ」はグーグルの創業者セルゲイ・ブリンの言葉です。ブリンは私財を投じて「牛肉」を実験室で培養するプロジェクトに取り組んでいますが、そんなＳＦのような挑戦こそがイノベーションというのがブリンの考え方です。

じつは２０００年代に入り、イノベーションの規模が小さくなったと言うのがマスクとともにペイパルを運営していたピーター・ティールです。こう言っています。

「空飛ぶ車が欲しかったのに、出てきたものはたったの１４０文字」

ツイッターを揶揄した言葉です。ティールの目から見ると、頭のいい連中が考えるのは「広告をいかにクリックさせるか」ばかりで、ちっともわくわく感がないのです。これでは世界からイノベーションが衰退してしまうという危機感がそこにあります。

マスクも今日の危うさをこう話しています。

「インターネットとか財務とか法務に詳しい賢い人間が多すぎると思うんだ。そういうこともイノベーションがじゃんじゃん生まれてこない理由なんじゃないかな」

イノベーションには賢さが欠かせませんが、それは成功確率や儲けを素早く計算する小利口さとは別のものなのです。

宇宙ロケットの打ち上げコストを100分の1にまで引き下げる

「宇宙ロケットのライバルでとくに脅威を感じているのはスペースXの『ファルコン9』だ」は、いまから数年前、日本のロケット関連企業の責任者の言葉です。責任者によると人工衛星メーカーは市場で主役となるロケットに仕様を合わせますが、当時でさえ、その主役はスペースXになりつつあったというのです。

各国政府の支援を受ける企業がいくつもある中、なぜスペースXはそれほどの強さを発揮するのでしょうか？　理由は同社の打ち上げコストが群を抜いて安いうえに、NASAとの大型契約を結ぶなど信頼性も備えているからです。とくにコストは魅力です。

2014年当時でさえ、ファルコン9の打ち上げコストは日本より3～4割安いうえ、ヨーロッパのアリアンスペースよりはるかに安いコストを実現しています。そこからさらにスペースXは垂直離着陸を可能にして、ロケットを再利用、燃料費だけで打ち上げできるようにしようというのですから、コスト競争力は圧倒的です。マスクはこう言いきっています。

「宇宙ロケットの打ち上げコストを100分の1にまで引き下げる」

1～2割安いならライバルにすぐに追いつかれますが、100分の1となると勝負になりません。マスクが目指すもの、それは火星へ人を手ごろな価格で運ぶことであり、ライバルを圧倒することなのです。

いま望まれているのは、
絶対衝突しなくて、飛行機より倍速く、
動力源は太陽エネルギーで、駅に着いたら
すぐに出発できる移動手段だ

マスクが掲げるビジョンには、みんなを驚かせるものが少なくありません。その多くは「そんなの無理だろう」と思うものですが、それから数年が経つうちに「もしかしたら」という現実味を帯びてくるところに、マスクの魅力があります。

マスクがサンフランシスコとロサンゼルスを30分で結ぶ「ハイパーループ」という新たな移動手段について公に口にしたのは２０１３年のことです。ハイパーループというのは、高い位置に空気抵抗を減らした密閉チューブを設置して、乗客を乗せたカプセルが圧縮空気で、その中を時速７００マイルで移動するというシステムです。

マスクは、渋滞などを念頭に必要とされている交通システムの理想をこう述べました。

「いま望まれているのは、絶対衝突しなくて、飛行機よりも倍速く、駅に着いたらすぐに出発できる移動手段だ」

このときはただの夢物語と言われましたが、２０１８年のいま、マスクのアイデアを元に起業家のリチャード・ブランソンが、ネヴァダ州でハイパーループを実現しつつあり、サウジアラビアでも実現への動きが本格化しつつあります。そしてマスク自身もロサンゼルスのトンネルネットワーク案を発表済みです。

人々にとっての「ほら話」も、マスクにとっては「実現可能な物語」なのです。

10年前、アップルの製品をどのくらいの人が知っていたでしょうか？

当たり前のことなのに忘れがちなのが、どんな大企業も元から誰もが知る大企業ではなかったということです。

かつてソニーが事実上世界初と言えるトランジスタラジオを開発、アメリカに売り込んだとき、大手時計会社のブローバから「ソニーではなく自社の商標をつければ10万台買ってやる」と言われたソニーの創業者・盛田昭夫氏は「50年経ったら、ソニーをあなたの会社と同じくらいに有名にしてみせる」と啖呵《たんか》を切って断っています。

やがてソニーは「ウォークマン」によって世界企業となりますが、企業には規模にかかわらずこうした気概が不可欠なのです。テスラモーターズが初めての電気自動車「ロードスター」を発売したのは２００８年のことです。それから3年も経たないうちに、テスラはアメリカだけでなく日本にもアジア初の直営店をオープンさせています。

当時の社員数はわずか８００人。そんな会社がなぜ日本なのか？　理由はこうです。

「10年前（２０００年頃）、アップルの製品をどのくらいの人が知っていたでしょうか？　ｉＰｏｄ、ｉＰｈｏｎｅと、次々と製品が出て、皆さんに買ってもらえるようになりました。10年前のアップルといまのテスラが、同じような位置にいるのではないでしょうか」

いまに世界中の人がテスラ車に乗るようになるという、強い自負がそこにはあります。

始めた当初こう思っていました、
「スペースXは確実に失敗する」

「失敗を覚悟すると、心は軽くなるのです」は、アマゾンのジェフ・ベゾスの言葉です。アマゾンの創業にあたり、ベゾスは成功確率を30％と考えていました。「絶対に成功するはずだ」と思い込むとリスクを見誤りますし、「絶対に失敗できない」となると、今度はリスク覚悟の挑戦ができなくなります。

失敗も覚悟したうえでリスク承知の挑戦をしたことが、アマゾンの成功につながることになったのです。マスクが起業したスペースXはさらにリスクの高い事業でした。実際、マスク自身、火星に人類を送り込むプロジェクトは人をわくわくさせるものの、１００％の損失を見込むものだと覚悟していました。こう話しています。

「始めた当初こう思っていました、『スペースXは確実に失敗する』」

マスクによると、もしかしたらどこかがスポンサーになってくれるかもしれないものの、短期間で利益が出るはずもないし、会社として大きな損失を被ることになると覚悟していたといいます。それでもやらなければならないというのが、マスクの考えでした。確実に儲かる事業なら誰だって喜んで参画しますが、失敗の可能性がある、しかも大きな損失が出る事業にあえて参画する企業はほとんどありません。

イノベーションはこんな「失敗覚悟」の挑戦から生まれてくるのです。

我々がやっていることはジャングルの中で道を切り拓くようなものだ。後ろに地雷を埋めるようなことはしたくないテスラモーターズ最大の貢献は「電気自動車って格好いいんだ」というイメージをつくり上げるのに成功したことです。とはいえ、テスラが販売する台数は、トヨタやＶＷといった大企業が年間に生産する１０００万台という数に比べれば、微々たるものです。

これではマスクが望む電気自動車の時代を一気に切り拓くことはできません。そう考えたマスクが打ち出したのが２０１４年６月におこなった「特許技術の開放」です。同社が10年余りの歳月をかけてつくり上げた５００以上の特許という成果を、他社が自由に利用できるようにするという決断は、業界の度肝を抜きました。

特許を囲い込むことで利益を得る方法もありますが、マスクは特許を幅広く公開することで同業他社や外部の技術者、部品メーカーなどを巻き込み、さらなる技術革新を促進し、電気自動車の普及を加速させるという道を選びました。マスクはこう説明しました。

「我々がやっていることはジャングルの中で道を切り拓くようなものだ。後ろに地雷を埋めるようなことはしたくない。ＥＶ開発を進めたい人の邪魔をしたくはないんだ」

電気自動車の普及のためには、世界を巻き込むことが必要になります。テスラだけの力では不可能だとしたら、自らの競争優位性を捨ててでも、たくさんの人や企業の参加を促進するほうがいい。マスクにとって特許の開放はそのための一歩でした。

テスラのライバルはＥＶメーカーではなく、膨大な数のガソリン車だ

「より大きな市場の中に自社を位置づけよ」は、フィリップ・コトラーの言葉です。

ある市場で高いシェアを握っていたとしても、そこに安んじてしまうと革新を怠り、やがてはよそから来たライバルにその座を奪われる恐れがあります。それを防ぐためには、たとえシェアが低くなったとしても、より大きな市場に自社を位置づけることで、新たな成長戦略を生み出すことが大切だというのが、コトラーの指摘です。

テスラモーターズが発売した「ロードスター」は従来の電気自動車の概念を覆すほどのものでした。その後の「モデルＳ」も人気を博しました。もしこの時点でマスクが自社を「電気自動車メーカー」という狭い市場の中に位置づけたとしたら、かなり早い時期に市場の覇者となったかもしれません。実際、多くの特許も保有しており、その競争力は圧倒的でした。

ところが、マスクは特許を開放し、自らの優位性をあえて放棄しています。

理由は、ライバルは同業他社ではなく別にいたからです。こう話しています。

「テスラのライバルはＥＶメーカーではなく、膨大な数のガソリン車だ」

目指すのは膨大な数のガソリン車を電気自動車へと切り替えていくことであり、テスラの使命はその先導役となることでした。結果、２０１８年7月のアメリカの高級車（小・中型車）市場で、テスラの「モデル３」はＢＭＷやベンツに大差をつけて販売台数トップとなっています。

テスラが上場を果たすなど
5年前は誰も予想しなかった。
世界はひっくり返った

マスクがテスラモーターズに初めて出資したのは２００４年のことです。「この国のエネルギー構造を変えたい」という思いからですが、電気自動車の開発は予想よりもはるかに困難で、２００８年にようやく最初の電気自動車「ロードスター」の販売を開始しています。

経営は苦しく、マスクが私財を投入することで何とか生き延びているという状態でした。苦境を救ったのはロードスターへの高い評価です。２００９年にはドイツのダイムラーが、続く２０１０年5月にはトヨタがテスラへの資本提供をおこない、そのわずか1ヵ月後にテスラは株式公開を果たしています。自動車メーカーとしての販売実績は微々たるものですが、テスラの持つ電池技術は超一流であり、電気自動車における主役が間違いなくテスラであることが、創業からわずか7年での株式公開を後押しすることになりました。

アメリカにおける自動車メーカーの上場は１９５６年のフォード・モーター以来です。マスクはテスラが上場したことの意味を、こう説明しました。

「米ゼネラル・モーターズ（GM）が破綻し、（ベンチャーである）テスラが上場を果たすなど5年前は誰も予想しなかった。世界はひっくり返った」

２０１８年、マスクはテスラの非公開化の検討を表明しますが、２０１０年の株式公開が電気自動車の時代の幕開けを告げたのは、紛れもない事実なのです。

ずっと同じものの見方をしていては、
いつまで経っても変わりませんよ

大企業が豊富な人材や資金、技術力を持っているにもかかわらずイノベーションを起こすことができない理由のひとつは、既存の考え方や前例などから抜け出せないからです。いまあるものを改善するだけでは、新たなものを生み出すことはできないのです。マスクの革命は、こうした大企業の見方ややり方を否定するところにあります。電気自動車であれば鉛蓄電池を使うのが当たり前という常識に対し、リチウムイオン電池、それもノートPCなどに使われているリチウムイオン電池を大量に連結することで「ロードスター」の開発にこぎ着けていますし、スペースXでも多くのロケットの基本技術が30〜50年前のものと何ら変わらない過去の遺物であることを知り、ロケットの構造や部品、素材などゼロベースの発想によって、どこよりも低価格のロケットをつくり上げています。

マスクはこう問いかけています。

「人は『いままでもずっとそうだったし、これからも変わらない』と言います。でもこれっておかしいことだと思いませんか？　ずっと同じものの見方をしていては、いつまで経っても変わりませんよ」

「いままでもこうだった」ではなく、「それは本当か？　こう考えたらどうだろう？」と見方を変えて初めて、新たな発想を得ることができるのです。

どんなものにもためらってはいけません。
想像力が限界を決めてしまいます

「人間が想像できることは、人間が必ず実現できる」は、ＳＦの父ジュール・ヴェルヌの言葉です。一説には本人の言葉ではなく、ラ・フュイ夫人の創作とも言われていますが、『海底二万里』や『月世界旅行』『八十日間世界一周』といったヴェルヌの小説を読めば、ヴェルヌが言ったとしても何の不思議もない言葉とも思えます。

実際、ＳＦ小説や日本の漫画の数々が描いた「未来」は着実に実現へと向かっています。想像と科学というのはいつだって、お互いに刺激し合いながら発達していくものなのです。途轍《とてつ》もないことを想像して、口にして、それを実現するために遮二無二がんばるのが、マスクのやり方です。

２０１２年、カリフォルニア工科大学の卒業式スピーチでマスクはこう語りかけました。

「どんなものにもためらってはいけません。（皆さんの）想像力が限界を決めてしまいます。世界へ出て行き、魔法をつくり出してください」

多くの人は何かを夢見たとしても、「でも、こんなのできるわけないな」とやる前からあきらめてしまいます。そんなことが続くと、やがて想像すること、夢見ることすらやめてしまいますが、マスクは「自分で自分の発想を制限してはいけない」と説いています。「創造」には目いっぱい「想像の翼」を広げることが大切なのです。

それは可能と不可能のちょうど境界線上にあるもののひとつです

マスクの挑戦の多くは、普通の人から見れば無謀極まりないものばかりです。のちのペイパルにつながるXドットコムを創業したとき、マスクが考えていたのは過去に例のないインターネット銀行の設立であり、その挑戦は「素人がハリウッド映画をいきなりつくるようなもの」と評されるほど無謀なものでした。

テスラモーターズも同様です。電気自動車への関心が薄く、誰もが電気自動車は面白みのないものと思い込んでいた時代に、電気自動車によって世界のモビリティを変えようという挑戦は無謀なものです。ましてスペースXが目指す火星への移住となると、まさにSF以外の何ものでもありませんでした。

にもかかわらず、なぜマスクは挑戦するのでしょうか？　そしてその成功確率をどう見ているのでしょうか？　こう話しています。

「(火星への移住のためには)短期間のうちにそのまま再利用ができる火星への輸送システムをつくりだすことです。それは可能と不可能のちょうど境界線上にあるもののひとつです。それが、我々がスペースXで成し遂げようとしていることなのです」

「不可能の反対語は可能ではない。挑戦だ」はジャッキー・ロビンソンの言葉ですが、不可能に挑戦する勇気を持つ者は、自分だけでなく世界を変えていくことができるのです。

自動車は完全に電気に移行する。
それがいつなのかが問題であって、
なるのか、ならないのかは問題にならない

電気自動車が地球の環境問題を解決するうえで有効であるということに、異議を唱える人はあまりいませんが、かつては「あなたは電気自動車を買いますか?」と言われれば、「?」の人が多かったのもまた事実です。理由は、かつての電気自動車には「いいね」が欠けていたからです。

マスクが「ロードスター」や「モデルS」でやりたかったのは、電気自動車が持つ負のイメージを一新することでした。2009年、ロサンゼルスのスペースX本社で開かれたパーティーの席上で、マスクはモデルSを初めて公開。「EVが可能にする未来を、この車は実現していきます」と自信満々で言いきっています。さらにこうも言っています。

「いまEVはニッチだが、今後はEVが主流になる。長期的に自動車は完全に電気に移行する。それがいつなのかが問題であって、なるのか、ならないのかは問題にならない。ガソリンのような持続不可能なものから、持続可能なエネルギーにシフトすることは、時代の要請だ」

テスラ以前ならこの言葉を信じる人はいませんでしたが、テスラ以後は電気自動車の未来を信じる人も増えていますし、大手自動車メーカーも国の政策も「脱ガソリン車」へと向かい始めています。「未来を予測する最高の方法は自らつくり出すこと」という言い方がありますが、マスクは「いつか来る未来」を力ずくで手繰《たぐ》り寄せようとしているのです。

The words of
Elon Reeve Musk

第4章

恐れ入ります
切手を
お貼りください

郵便はがき

162-0816

東京都新宿区白銀町1番13号

きずな出版 編集部 行

フリガナ

お名前

男性／女性
未婚／既婚

(〒　　　-　　　　)
ご住所

ご職業

年齢　　10代　20代　30代　40代　50代　60代　70代～

E-mail

※きずな出版からのお知らせをご希望の方は是非ご記入ください。

愛読者カード

ご購読ありがとうございます。今後の出版企画の参考とさせていただきますので、アンケートにご協力をお願いいたします（きずな出版サイトでも受付中です）。

[1] ご購入いただいた本のタイトル

[2] この本をどこでお知りになりましたか？

1. 書店の店頭　2. 紹介記事（媒体名：　　　　　　　　　　　　　　）
3. 広告（新聞／雑誌／インターネット：媒体名　　　　　　　　　　　）
4. 友人・知人からの勧め　5.その他（　　　　　　　　　　　　　　　）

[3] どちらの書店でお買い求めいただきましたか？

[4] ご購入いただいた動機をお聞かせください。

1. 著者が好きだから　2. タイトルに惹かれたから
3. 装丁がよかったから　4. 興味のある内容だから
5. 友人・知人に勧められたから
6. 広告を見て気になったから
（新聞／雑誌／インターネット：媒体名　　　　　　　　　　　　　　）

[5] 最近、読んでおもしろかった本をお聞かせください。

[6] 今後、読んでみたい本の著者やテーマがあればお聞かせください。

[7] 本書をお読みになったご意見、ご感想をお聞かせください。
（お寄せいただいたご感想は、新聞広告や紹介記事等で使わせていただく場合がございます）

ご協力ありがとうございました。

絶望は強烈なモチベーションになる

貧しくてもハッピーであることは、リスクを取る際に大きな助けになります

すぐれたアイデアを思いついたときに、すぐに行動に移すことができるかどうかは成功する起業家にとって絶対条件となります。起業のための条件が整うのを待つとか、「とりあえず卒業してから」などと考えていては、せっかくのアイデアも水泡に帰してしまいます。

マスクも同様でした。南アフリカからカナダ、そしてアメリカに渡ったマスクは１９９５年、スタンフォード大学大学院物理学課程という超エリートコースに進んだものの、たった２日で退学しています。新聞などのメディア向けに、ウェブサイトの開発などを支援するソフトウェアを提供するというアイデアを思いついたことが、退学の理由でした。

問題は起業に必要な資金でした。起業当時のマスクは学費のローンは残っていても預金はゼロ。家を借りるよりも安いからと、小さなオフィスを借りてそこで寝泊まりをしていました。シャワーは近所のＹＭＣＡですませ、たった一台のコンピュータを使ってプログラムとサーバーの２つの役割をさせていたほどです。当時をこう振り返っています。

「すごく貧しかったのですが、私はそれを恐れたりはしませんでした。なぜなら私は貧しくても不幸ではなかったからです。貧しくてもハッピーであることは、リスクを取る際に大きな助けになります」

何も持たないこと、それはリスクを取るチャンスというのがマスクの考え方です。

私はこれまでもこれからも
決してギブアップしない。
息をしている限り、生きている限り、
事業を続ける

マスクの特徴のひとつに「あきらめの悪さ」があります。みんなが「もう無理だろう」と思っても「あきらめるという選択肢がない」のがイーロン流です。

いまでこそスペースXは民間ロケットのトップランナーですが、そこに至る道のりは平たんなものではありませんでした。

２００２年に設立したスペースXが初めて打ち上げに挑んだのは２００６年のことですが、以来３度にわたって失敗が続き、もし次も失敗したら資金が尽きるというところまでマスクは追い込まれました。個人の資産で売れるものはすべて売り、ほぼ無一文という状態に追い込まれながらも、マスクは気落ちする幹部や社員を前にこう言いきっています。

「私はこれまでもこれからも決してギブアップしない。息をしている限り、生きている限り、事業を続ける」

そんなマスクの執念が実ったのか、２００８年後半、最後の資金をかき集めておこなった４回目の挑戦でようやくロケットの打ち上げに成功しています。

この時期、危機にあったのはテスラモーターズも同様でしたが、マスクの「絶対にあきらめない覚悟」のおかげで両社とも何とか危機を乗り越え、スペースXは２０１２年、困難と言われた宇宙ステーションとのランデブーを見事に実現することになったのです。

いいところを聞くのも嬉しいことですが、
批判の声に耳を傾けるほうが大事です

ある企業の若手経営者が、いいアイデアを思いついたときには、反対しそうな人ではなく、「いいね」と言ってくれそうな人から話をすると言っていました。いきなり「ノー」を言われるとへこみますが、「いいね」と言ってもらえると、次へ進む勇気が湧いてくるというのが、その経営者の考え方でした。

一方、マスクは批判の声をよく聞くことが大切で、批判を聞かないというのはみんながよく犯す失敗のひとつだ、と言いきっています。

たとえば、自分がつくったものを友達に渡してこう言います。

「どこがよかったかは抜きにして、よくないところを教えてくれ」

友達は友達を傷つけたくないからと、たとえ気に入らないところがあっても「よかった」と言いがちですが、それでは本当の評価を知ることはできません。だからこそあえて「悪いところ」を聞き出します。競合相手の批判にも耳を傾けます。もちろんそのすべてが正しいわけではありませんが、批判やクレームに真摯に耳を傾けてこそ、よりよいものをつくることができるというのがマスクの考え方なのです。

みんなが賛成するアイデアはすでに時代遅れだし、みんながいい話ばかりしかしないとき、そこには確実に落とし穴が待ち受けているのです。

問題があったのは事実だが、原因をきちんと究明すれば乗り越えられる。立ち止まる必要はない。前に進もう

イノベーションや挑戦には失敗がつきものです。失敗を恐れて挑戦をやめてしまうか、それとも失敗を乗り越えて前に進むかで、企業のありようは大きく変わってきます。マスクのスペースXが初めてロケットの打ち上げに挑戦したのは２００６年３月のことですが、わずか25秒で制御不能となり落下しています。マスクは「これまでも、ロケットは打ち上げる企業や組織が何度も痛い目にあった末に成功にたどり着いている事実を、忘れてはならない」とみんなを励ましています。

失敗と挑戦を繰り返したスペースXは２００８年９月、ついに打ち上げに成功しますが、マスクは次いでロケットを再利用するための垂直離着陸可能なロケットの開発に着手します。アイデアとしてはあったものの、ロケットの制御の難しさから誰も挑戦しなかった難題です。当然、最初の挑戦では失敗しますが、マスクはここでもこう言って励ましています。

「問題があったのは事実だが、原因をきちんと究明すれば乗り越えられる。私たちは技術の会社だ。立ち止まる必要はない。前に進もう」

結果、スペースXは２度の失敗を経て、２０１５年12月、「ファルコン９（改良型）」の軌道突入後の垂直着陸に見事に成功しています。失敗にくよくよせず、原因を究明してすぐに次への一歩を踏み出すことこそが、不可能を可能にしていくのです。

前に進めないような
邪魔なルールがあるなら、
ルールそのものと戦わなきゃならない

イノベーターの特徴のひとつは、既成概念や既存のルールに縛られないところにあります。かつてスティーブ・ジョブズがアメリカの小学校などにアップルⅡを無償で配布しようとしたところ、法律の壁によって難しいことがわかりました。

普通の人ならここであきらめるところですが、ジョブズは「それなら法律を変えればいい」と、ロビイスト活動を展開。実際に法律を変えることで実現の道筋をつけています。

規則が間違っているのなら規則を変えればいいというのは、イノベーターに共通の思いです。あるとき、ＦＡＡ（連邦航空局）の担当者の指示を馬鹿げていると感じたマスクは、直ちに担当者の上司に、その馬鹿げた指示のリストをメールで送りつけ抗議しました。

すると、上司は自らの豊富な経験を誇りながら、自分の部下が間違っているなんてよくも言ってくれたな、という反論のメールを送ってきました。

マスクは「ダメなのはあんたの部下だけじゃない。あんたもおかしい。理由がわからないなら教えてやるよ」と再反論のメールを送ったうえで、こう断言しました。

「前に進めないような邪魔なルールがあるなら、ルールそのものと戦わなきゃならない」

一般的に不都合な法律やルールはあきらめる理由となりますが、イノベーターには「戦うべき相手、変えるべきもの」となるのです。

いまだに片足は地獄に突っ込んだままだが、
このカオスからも、あとひと月もすれば
解放されるだろう

マスクはこれまでの人生で崖っぷちを何度も味わっています。南アフリカからカナダへ渡って来たときや最初の起業時には極度の貧しさを経験していますし、スペースXでは有り金をはたいても資金が足りず、友人などから借金をしまくることで4度目の打ち上げに挑み成功させ、かろうじて危機を脱しています。

そんなマスクにとっても、テスラモーターズにおける「モデル3」の量産化への挑戦はあまりに過酷、あまりにつらいものでした。2018年4〜6月期のテスラの決算は最終損益が7億ドルを超える過去最大の赤字であったことに加え、マスクが掲げていた週5000台という生産目標をいつまでたっても達成することができませんでした。

結果、マスクは工場に泊まり込む日々を余儀なくされ、マスコミからもさんざんに叩かれますが、2018年7月1日、ようやく「週5000台生産」を達成することになりました。

そこに至る困難をマスクはこう振り返りました。

「いまだに片足は地獄に突っ込んだままだが、このカオスからも、あとひと月もすれば解放されるだろう」

どんなに苦しい状況でも決してあきらめず自信が揺らぐことがないマスクは、早くも「週1万台生産」という楽観的な目標を掲げ、さらなる困難に立ち向かおうとしています。

私はサムライの心を持っています。
失敗で終わるくらいなら切腹します

創業したばかりのベンチャー企業が徐々に成長するにつれ、最初にぶつかるのが資金の問題です。すぐれたアイデアや技術を持ち、それを世の中に広めようと会社を立ち上げたものの、大きくなるにつれて人も雇わなければなりません。それ以外のたくさんのコストがかかるようになると、どうしても先立つものが必要になってきます。

ジップ2を創業した頃のマスクは本当に貧しく、弟のキンバルとともに会社を立ち上げたものの、兄弟や父親から出してもらった2万8000ドルは、オフィスの拡張やソフトのライセンス契約、機材調達などであっという間に使い果たし、オフィスに寝泊まりして、食事は近所のハンバーガーチェーンで安く済ませるという日々でした。

それでもマスクは四六時中オフィスで過ごしながら、常にソフトの改善を続けています。やがてこうしたマスクの「異常とも言える会社一筋」の姿がベンチャーキャピタルに評価され、300万ドルの資金調達につながっています。マスクはベンチャーキャピタルに「私はサムライの心を持っています。失敗で終わるくらいなら切腹します」と言い切りました。「マスクの、自分の人生を会社づくりに賭けるという姿勢が、ベンチャーキャピタルを動かした」が当時を知る人の評価です。すべてを賭けて懸命に努力する人の熱情は、やがて人から人に伝わり、周囲を巻き込んでいくのです。

結果が出ていなければ、その努力はやめる必要があります

「努力は報われる」という言い方がありますが、本当でしょうか？

自分としては懸命に努力をしているつもりなのに、思うような結果が出ないと嘆いている人も少なくありません。そんな人を意識してか、「世界のホームラン王」王貞治さんはこう話しています。

「努力は必ず報われる。もし報われない努力があるのなら、それはまだ努力とは呼べない」

世の中には「もうベストを尽くした」と努力を簡単にやめてしまう人がいますが、そこで「まだまだ努力が足りない」と踏ん張った人こそが「努力は報われる」を実感できるのです。

一方、経営者マスクはこう問いかけています。

「いかなる会社においても、『努力がいい商品やいいサービスという形で結果に表れているか』を常に考えなければいけません」

企業ではみんなが懸命に働いています。しかし、結果が伴わないこともしばしばです。では、結果が出ないときはどうすればいいのでしょうか？　マスクはこう言いきっています。

「結果が出ていなければ、その努力はやめる必要があります」

ただし、失敗の中に「成功の見込み」があれば、「成功するまで決してあきらめない」のもマスクの大きな特徴です。

困難が多い事業こそ、やりがいが大きくて面白い

マスクが電気自動車や宇宙ロケットの開発に取り組んでいるのは、世界を変えるためであり、世界を救うためです。しかし、どちらもあまりに困難な事業です。

テスラモーターズを創業した当初、マスクは「次世代のＧＭになる」と話していましたが、やがて盟友Ｊ・Ｂ・ストローベルはこう嘆くようになりました。

「自分たちが挑戦していることの難度を相当、過小評価していました。サプライチェーンの複雑さ、製造工程の複雑さ、電池設計の複雑さといったことです。まるで迷路の中にいる気分でした」

開発の困難さに加え、何度も資金難にあえいでいます。取引先や社員への支払いができなくなったテスラを救うために、マスクが個人で会社を支えた時期もあれば、２０１８年には「モデル３」の量産化の難しさから「自動車ビジネスは地獄だ」とさえ呟いています。

なぜこれほどの苦労を強いられても、宇宙ロケットの開発や電気自動車の開発に突き進むのでしょうか。こう話しています。

「困難が多い事業こそ、やりがいが大きくて面白い」

あえて困難な事業に挑み、成功するまで絶対にギブアップしないという、この姿勢こそがマスクを起業家として卓越した存在にしているのです。

絶望は、がんばろうという強烈なモチベーションにつながります

マスクの経営者としての特徴のひとつは「危機を何度も経験し、いつも乗り越えてきた」点にあります。２００８年、スペースＸが「４度目の正直」でロケットの打ち上げに成功したことで、スペースＸもテスラモーターズも、そしてマスク自身も危機を回避していますが、もし失敗していればまさしくすべてを失うほどの危機でした。

マスクについてある人がこう評しています。

「どんなに厳しい状況でも生き残ってきた。働き続け、集中し続けた」

すさまじいプレッシャーにさらされると、たいていの人は判断ミスをしたりあきらめてしまうものですが、マスクはあきらめることなく努力し続けています。こう話しています。

「暗闇のような日々の中で、絶望は、がんばろうという強烈なモチベーションにつながります。もしあなたの会社が大きな借金を抱えているなら、それは強いやる気にもなります」

こう言い切れるところに、マスクの桁外れの強さがあります。

では、大きな借金も絶望もなければどうなるのでしょうか。卒業式スピーチでマスクは「いまこそリスクを負うときだ。大胆にやりましょう」と卒業生に語りかけています。

マスクにとって絶望や大きな借金は強いモチベーションになり、反対に何もなければ、やはりそこでも、リスクを取り大胆に挑戦する時期となるのです。

The words of
Elon Reeve Musk

第5章

圧倒的な成果が
欲しければ、
地獄のように
働くしかない

起業家は毎週100時間、地獄のように働くべき

マッキントッシュを開発していた頃のアップル社員が週80～90時間働いていたことはよく知られていますが、マスクの猛烈ぶりはその上をいっています。

Xドットコム時代のマスクを知る社員は、こう振り返っています。

「私たちが1日に20時間死ぬほど働いたと思ったら、彼は23時間働いているんですから」

「イーロンは48時間ぶっ通しでオフィスに張り付いていました」

こうした働き方は成功者となったいまも変わることはありません。テスラの工場労働者はレッドブルを飲みながら1日12時間働くとも言われていますが、マスクもご多分に漏れず工場に泊まり込み、トーマス・エジソンばりに床で寝泊まりしながら47歳の誕生日を迎えたほどの仕事中毒ぶりを発揮しています。社員にとってはたまったものではありませんが、いまもこんな信念を持ち続けています。

「起業家は毎週１００時間、地獄のように働くべき」

大学の卒業スピーチで起業家を目指す若者に対し、マスクはこうアドバイスしています。

「超多忙であれ。起きているときは常に働く。他が週に50時間働くなら自分は１００時間働く。そうすると会社としては本来の2倍仕事量をこなせたことになります」

マスクにとって仕事とは「人生そのもの」なのです。

こういう出来事があるから、
休暇は頭痛の種なんです

マスクはスペースXやテスラモーターズを設立して以降、ほとんど休暇をとらなくなっています。週１００時間働くことでも知られていますが、休暇をとらない理由のひとつには、ペイパル時代の苦い経験も影響しているようです。

マスクに３つの会社を経営するほどの資金力を与えてくれたのはペイパルの成功ですが、同社はマックス・レブチンとピーター・ティールが創業したコンフィニティ社とマスクのXドットコムが２０００年３月に経営統合して誕生した会社です。ティールが最高経理責任者、最大株主のマスクが会長、CEOはインテュイット社の元CEOビル・ハリスです。

しかし、両社の文化と考え方の違いからティールが辞任、マスクがハリスに代わってCEOに就任したものの、２０００年９月、休暇をとったマスク不在の隙をついて、レブチンはクーデターを起こし、マスクを解任してしまいました。マスクはこう悔やみました。

「こういう出来事があるから、休暇は頭痛の種なんです」

ペイパルは２００２年２月に株式を公開、かねてよりペイパルの買収を考えていたイーベイが15億ドルで同社を買収、マスクに３つの会社を創業するほどの資金力をもたらしたものの、ペイパルからの追放はマスクにとって苦い記憶のひとつとなっています。めったに休暇をとらないマスクのハードワークには、こんな経験も影響しているのです。

The words of
Elon Reeve Musk **048**

最初からそんな甘えたスケジュールに
すべきではありません。
そんなことをしたら、無駄に時間を多く
使うに決まってますから

スケジュールの立て方は人それぞれですが、総じてアメリカの起業家たちはせっかちです。スティーブ・ジョブズは「三ヵ月計画」について説明する社員に「一晩で成果を上げてほしい」と要求していますし、ジェフ・ベゾスは「いつまでにやればいいのか？」と尋ねる社員に「すでに遅すぎるくらいだ」と言い放っています。

マスクも同様です。社員が立てた月間や週間の予定に対し、「一日単位、一時間単位、分単位に落とし込め」と、さらなるスピードアップを求めますし、「モデル3」の開発に際しては、同業他社が4～5年かけるところをわずか2年半で完成させるよう指示をしています。なぜこんな無茶なスケジュールを組むのでしょうか。こう話しています。

「最初からそんな甘えたスケジュールにすべきではありません。そんなことをしたら、無駄に時間を多く使うに決まってますから」

通常、スケジュールは自分たちの経験を元に少し余裕を持って立てるものです。それでも予期せぬことが起こって遅れるわけですが、マスクは「無茶に無茶を重ねてやっとできるかどうか」というスケジュールを口にする傾向があります。おかげでモデル3などは生産遅延による大混乱を引き起こすことになりましたが、それでも「みんながもっとがんばればいいんだ」と言い切るところに、マスクの強さと危うさがあるのです。

私のデスクはこの工場で一番小さいし、
しかもそこに座っていることなんて
ほとんどありません。
私は象牙の塔なんかに引きこもりません

GEの伝説のCEOジャック・ウェルチは、グループエグゼクティブに就任して本社勤務を指示された後も本社に移らず、現場で過ごしたことで知られています。CEOとなってからも、自分の時間の3分の1を現場で過ごすように時間をやりくりしています。

理由は、本社は何も製造せず、何も販売しない以上、現場を歩き回ることこそが現実を理解する手段となるという理由からです。こうした姿勢が、GEを当時の世界最強企業へと押し上げています。

マスクは元々が週に100時間働くほどのワーカホリックですが、その時間のほとんどを執務室ではなく、技術や設計の人間たちとの打ち合わせに割いています。「モデル3」の量産化にあたっては、テスラモーターズの工場に何日も泊まり込むような生活を送っています。理由をこう話しています。

「私のデスクは工場で一番小さいし、しかもそこに座っていることなんてほとんどありません。塗装部門の社員が懸命に働いてくれるのも、私が彼らとともに現場にいるから。私は象牙の塔なんかに引きこもりません」

豪華な執務室に籠る大企業のトップから見ればこれは「混乱」とも言えますが、トップの現場への強い関心こそが企業を強くするというのも、また事実なのです。

このプロジェクトの責任者をやりながら、2つの会社のCEOもやる。私なら実現する

自分が指示したことに対して部下が「できません」と答えたとき、上司はどんな態度をとればいいのでしょうか？

日本のある大企業の上司は叱りつけた後、「じゃあ、一緒に考えようや」と手を差し伸べる優しさを見せましたが、スティーブ・ジョブズはそんなとき、「君ができないなら誰か他の人間を探すさ」とあっさり突き放すのが常でした。「自分がＣＥＯでできると思っているのだから、あとはできる奴を探すだけ」という考え方です。マスクはどうでしょうか？

マスクもジョブズ同様に、自分が「できる」と思っていることを、部下が「できない」と言うことを理解できません。たとえば、マスクの指示が実行不可能と判断した場合、部下は「できません」と言うほかはありませんが、マスクの答えはこうです。

「よしわかった。君はプロジェクトから外れてくれ。今日から私がプロジェクトを仕切る。このプロジェクトの責任者をやりながら、２つの会社のＣＥＯもやる。私なら実現する」

マスクは若い頃、「食事を取らなくてもすむ方法があれば、もっと仕事ができる」と本気で考えていたほどのワーカホリックです。マスクの辞書に「不可能」という言葉はないとも言われています。「できない」から生まれるのは「できない理由」だけですが、「できる」と決めてしまえば「どうすればできるか」だけなのです。

人生は短い。そう考えたら、懸命に働くしかない

スティーブ・ジョブズの存命中、絶好調のアップルについて言われていたのは「アップル最大のリスクはスティーブ・ジョブズ」でした。それは「ジョブズに万が一のことがあったら、アップルはどうなるんだ？」という不安からのものでしたが、マスクについてもいま、同じことが言われています。

２０１８年夏、マスクはテスラモーターズの株式非公開化についてツイッターで宣言したかと思うと、２週間ほどで撤回するなど、経営者としての資質を不安視する声も上がっています。眠れない不安も告白しています。実際、『イーロン・マスク』の著者によると、マスクはストレスで体重の増減も激しく、日々神経をすり減らしていることがよくわかるといいます。なぜそうまでしてマスクは遮二無二働くのでしょうか。

マスクをよく知る人によると、マスクは早くから「人生は短い」と悟っていたといいます。しかし、一方で「世界を救いたい」と願う以上、結論はこうなります。

「人生は短い。そう考えたら、懸命に働くしかない」

ジョブズも20代の頃から「この地上で過ごせる時間は限りがあります。僕には若いうちに大事なことをたくさんしておかねばという意識があります」と話していましたが、マスクも限りある時間を精一杯使おうと、懸命に働き続けているのです。

社員が苦痛を感じているなら、
その何倍もの苦痛を感じたいのです

現在、テスラモーターズが直面している苦境は多くの大企業が経験した壁とも言えます。優れた車を手作業に近いやり方で数千台つくることはできたとしても、それこそトヨタなどがおこなっているような、１分に１台というペース（※生産に要する時間ではありません）で車を量産するのは大変な苦労を伴います。

テスラにとって初の量産車と言える「モデル３」に関して、マスクがおこなったのは「週５０００台生産」という約束でしたが、その難しさは大変なもので、マスクは「私たちは揃いも揃って空前絶後の大バカだった」として、２０１８年4月から「工場での泊まり込み生活」に入っています。

その後もマスクの泊まり込み生活は続き、6月の誕生日はマスクにとって「工場で過ごした初めての誕生日」となっています。工場に泊まり込む理由をこう話しています。

「私はテスラで働く社員に多大な恩恵を受けています。私が床の上で寝るのは、道の反対側にあるホテルに行けないからじゃない。ここで働く誰よりも悪い環境に身を置きたいからなんです。社員が苦痛を感じているなら、その何倍もの苦痛を感じたいのです」

トップが安全な場所にいて社員に「もっとがんばれ」と檄《げき》を飛ばしたところで誰もついてはきません。「共にある」ことは苦境を乗り越えるうえで最も大切な姿勢なのです。

尋ねるべき質問が何かを考え出すことが
大変なわけで、一度それができたら、
残りは本当に簡単だ

研修会などで「何か質問はありませんか？」と聞かれ、受講者の誰も手を挙げないということがよくあります。それは講師の言うことがとてもよく理解できたという証かもしれませんが、もう一方には「何を質問していいかがわからない」という戸惑いから手を挙げないという人もいるはずです。

学校でも、習っていることがよくわからないけれども、「じゃあ、何がわからないの？」と聞かれると、どこがわからないのかがわからず、何を聞いていいかがわからない子どもがいるのもたしかです。

「質問する力」は人によって大きな開きがあるものです。マスクの質問する力について、スペースＸで働いていたエンジニアがこう証言しています。

「僕に質問をふっかけることで、彼自身が勉強していたんですよ。あの人は、こちらの知識を90％くらい持っていくまで質問をやめませんから」

当初、マスクはロケットに関してはプロと言えるほどの知識を持っていませんでしたが、本を読み漁り、スペースＸのプロに質問をぶつけることで、圧倒的な知識を身に付けています。大切なのは「答えを見つける」ことよりも、「尋ねるべき質問を考え出す」こと。それができれば「残りは本当に簡単だ」というのがマスクの考え方です。

君は不可能を可能にするために
この会社にいるはずだ。
できないのであれば、ここで働く理由が
僕には理解できない

アメリカのＩＴ系の起業家に共通することのひとつは、部下や取引先からの「ノー」を受け取らないことです。部下の「ノー」を素直に受け入れるか、断固拒否するかはリーダーの覚悟が試される瞬間とも言えます。

マスクはもちろん「ノー」を黙って受け取ることはありません。マスクから要求された無理難題に、ある社員が「それは現実的ではありません。不可能です」と反論したところ、こんな言葉が返ってきました。

「君は不可能を可能にするためにこの会社にいるはずだ。できないのであれば、ここで働く理由が僕には理解できない」

別の社員はマスクからやはり無茶な要求をされ、言葉を濁していると、マスクがじっと睨みつけるように見続けたため、首を縦に振ったところようやく視線から解放されたといいます。どんなときでもマスクが社員の「このままじゃ無理です」を黙って受け取ることはありません。何の対策も示さない「無理です」は「即クビ」を意味するほど、マスクは「できません」を嫌い「できる」を当然視しています。

部下の安易な「できません」に「じゃあ、仕方がないな」と答える企業が革命を起こすことはありません。簡単には「ノー」を受け取らないことは、成功への絶対条件なのです。

The words of
Elon Reeve Musk

第6章

成功には「才能の集中」と「重力」が欠かせない

企業をつくるときに大切なことは、才能の集中

アメリカの企業には強烈な「Ａクラス信仰」があります。Ａクラスの人間だけを集めてチームを組みプロジェクトを進めれば、絶対に失敗するはずがないという考え方です。スペースＸより早く小型ロケットの開発に着手したビール・エアロスペースは、銀行家のアンドリュー・ビールが私財24億ドルを投じて設立した会社ですが、２０００年10月に経営破たんしています。失敗の理由を「彼らは技術と資本力が不十分だった」と分析したマスクは、ＴＲＷ社とボーイング社などから技術者を招聘《しょうへい》して、必要な技術を確保するなど、「ものすごい才能ある人が集まったチーム」をつくり上げました。

そんな努力の結晶が、国際宇宙ステーションとのランデブーの成功でした。

管制室があるカリフォルニア州の本社で成功を見届けたマスクが「偉業を成し遂げてくれたみんなに感謝する」と述べると、周りにいた平均年齢30歳の社員たちからは大きな歓声が沸きあがり、記者会見は中断するほどでした。
「成功への秘訣」を聞かれて、こう答えています。
「企業をつくるときに大切なことは、才能の集中。トップレベルのプレーヤーが集まったナショナルチームをつくるようなもの。特定の分野に才能を持つ人を集めることが大切」

成功をもたらすもの、それは才能の集中とすぐれたチームづくりなのです。

クビにするタイミングを
先送りすればするほど、
とっととクビにしとけばよかったと
後悔する時間も長くなる

アメリカの起業家は、圧倒的に優れた才能を持つ人間を集めてチームをつくれば、どんなプロジェクトだって成功するという「Ａクラス信仰」の一方で、「バカの増殖」を極端に嫌います。

つまり、会社にＡクラス以外のＢクラスやＣクラスの人間が紛れ込むと、企業は「バカ」だらけになり、たちまちダメ企業になってしまうという考え方です。

結果、Ａクラスは何が何でも採用しようとしますし、Ａクラス以外の人間には容赦ない態度をとることになります。マスクも「才能の集中」に向けてＡクラスの人材を常に探し求め、めぼしい人材はあらゆる手を尽くして採用しますが、「こいつらはＡクラスじゃない」と判断した場合は、社員であれ取引先であれ容赦ありませんでした。

納期遅れの業者は「こんな調子でいいわけないだろう」と怒鳴りつけますし、世間話ばかりして本題に入らない営業マンとは会って2分で席を蹴ってしまいます。

社員についてもこう言いきっています。

「クビにするタイミングを先送りすればするほど、とっととクビにしとけばよかったと後悔する時間も長くなる」

こうした割り切りもマスクの持ち味のひとつなのです。

これから会社に寄生する
大量のフジツボたちを
こそげ落とすところです

アメリカの企業ではコーチを付けたり、コンサルタントを雇うことが当たり前になっています。よきコーチを付けることで経営者として大きく成長するケースもありますが、コーチやコンサルタントによって企業が振り回されることももちろんあります。

マスクはテスラモーターズやスペースＸ、その前のペイパルでもＣＥＯを務めていますが、最初の企業ジップ2ではベンチャーキャピタルの勧めで外部からＣＥＯを招聘しています。まだ若かったので、プロに経営を任せることで、自分はソフトウェア制作などに専念できると考えてのことですが、実際にはそのＣＥＯは有能ではなく、会社の成功に寄与することはなかったと言います。

有能でない人間には去ってもらうのみというのが、それ以来のマスクの考え方です。

２０１８年5月、マスクはテスラの収支報告でこう宣言しました。

「これから会社に寄生する大量のフジツボたちをこそげ落とすところです」

フジツボというのは、船底に付着して船のスピードを著しく低下させる厄介者ですが、マスクはいつの間にか増えた大勢のコンサルタントたちを「フジツボ」と呼んで一掃すると宣言したのです。企業は放っておくといつの間にか肥大化するものです。ときに大掃除をしなければ、せっかくの強みを失うことになるのです。

略語の過剰な使用は、コミュニケーションの邪魔になりますタレントでミュージシャンのＤＡＩＧＯさんが使う独特の略語は「ＤＡＩ語」と呼ばれ、本が出るほどに人気です。たとえば、こんな略語があります。

「ＤＫＢ（大好物）」「ＤＧＤＧ（ＤＡＩＧＯ大誤算）」「ＧＣ（ガチ）」「ＩＩＴＯ（いまを生きる大切さを教えてくれた）」

なかなか難解です。テレビで見る分にはそれなりに楽しめるとして、こうした略語が会社の中に蔓延しているとしたら厄介です。新入社員や外部の取引先にとって何を言っているかが理解できず、コミュニケーションで苦労をすることになります。

スペースＸで多くの略語が使われていることに対し、マスクは何度も警告を発しましたが、それでも増え続ける略語に業を煮やしたマスクはこんなメールを全社員に送りました。

「略語の過剰な使用は、コミュニケーションの邪魔になります。本当に大切なのは、会社が成長する中でも充実したコミュニケーションを維持することだと思っています」

数千人もの社員がそれぞれに略語を使い始めたら、社員向けに分厚い用語集が必要になります。それでは誰が何の話をしているかが理解できなくなり、会議中もぽかんとすることになります。イノベーションは活発なコミュニケーションによって生まれます。コミュニケーションを阻害するものはマスクにとって排除すべきものなのです。

ダサくて高い車もつくれるし、
格好よくて高い車をつくることもできる。
大企業は企業の歴史や文化に縛られ
過ぎるのかもしれません

マスクがつくった「ロードスター」は本当に衝撃的な車でした。

とにかく格好がよかったし、走行距離から加速性能まで、あらゆるスペックが、それまでの電気自動車のダメなイメージと大きく一線を画していました。

この格好よさこそが、その後の電気自動車の時代を切り拓いたと言っても言い過ぎではありません。何せそれ以前の電気自動車と言えば、ホバークラフトのような外観で、重たい鉛電池を使用、航続距離もとても短かったのですから、いくら電気自動車が環境に優しいとはいえ買う気にも乗る気にもならなかったのは当然のことなのです。

なぜ他の大手自動車会社は、格好いい車をつくることができなかったのでしょうか？

マスクはこう分析しています。

「ダサくて高い車もつくれるし、格好よくて高い車をつくることもできる。手ごろな価格で格好いい車もあれば、手ごろな価格のダサい車もある。ダサくても格好よくても、コストはあまり変わらないと思います。わからないですが、大企業は企業の歴史や文化に縛られ過ぎるのかもしれません」

企業は大きくなり成功するにつれ、過去の成功体験から得た知識や経験に縛られがちになりますが、ときにこうした豊富な知識や経験が革新を妨げる原因ともなるのです。

不可能を恐れず、狂ったように挑戦的なプロジェクトに、タイトなスケジュールでも取り組める人材を求めている

「人は単に自分の収入や企業の業績や利益のためだけに働いているのではないと感じたとき、内に秘めた創造力を大いに発揮するものだ。自分のやっている仕事は世界をよりよい場所にするものだと自覚するのは、単に気持ちがよいといった類のことではない」

　これはアメリカの元副大統領でインターネットにも造詣《ぞうけい》の深いアル・ゴアの言葉ですが、マスクの「世界を救う」にも若いエンジニアたちを奮い立たせる力があります。

　スペースＸの人材募集にはこう書いてあります。

「スペースＸは特殊部隊のように誰もが不可能だと思う任務を遂行する会社だ。会社が目指すゴールはバカみたいに野心的だが、私たちはそれを実現する。スペースＸには、人類の未来に信じられないような影響を与える可能性がある」

「不可能を恐れず、狂ったように挑戦的なプロジェクトに、タイトなスケジュールでも取り組める人材を求めている」

　マスクの掲げる目標はあまりに大胆で、多くの人には「突拍子もない」ものに思えますが、コストを重視しながらステップをしっかりと踏むことで、多くの「不可能を可能にしている」のがマスクです。そんなマスクだからこそ「世界を救う」ためにはハードワークをものともしない、若き才能が集まってくるのです。

ずっとアウトサイダーではいられない

ベンチャー企業には幾度もの危機が訪れます。創業期の苦労はもちろんですが、急成長には莫大な資金が必要になり、その調達に失敗すれば成長速度を落とすほかありません。運よくベンチャーキャピタルからの出資を得たとしても、代わりにプロの経営者を雇うように求められたり、経営の主導権を握られて思い通りの経営ができなくなることもあります。

もちろん大企業がライバルとして立ちふさがることもあり、こうした危機を乗り越えたベンチャー企業だけが輝かしい成功を手にすることができるのです。

マスクはこれまでに主なものだけで5つもの企業を創業しているだけに、こうしたお金や人、ベンチャーキャピタルやライバル企業との戦いのすべてを経験しています。

そのおかげでしょうか、スペースXではNASAを顧客とし、テスラモーターズでは早くからダイムラーやトヨタ、パナソニックなどの協力を取り付けています。「大企業から学べることは多く、相互補完関係は大きい」がマスクの考え方です。こう話しています。

「ずっとアウトサイダーではいられない」

ベンチャー企業には判断スピードの速さや変化への迅速な対応、大胆な挑戦などが可能ですが、いつまでもその規模に甘んじていては成長に限界が訪れます。ベンチャー企業の強みを残しつつ、いかに企業を成長させていくかも起業家にとって大切な課題なのです。

何をすべきか考えたことがあるのか。
私たちは世界を変えようとしているし、
歴史を変えようとしている。
やるのか、やらないのか、
どちらかはっきりしてもらいたい

起業家のほとんどはハードワーカーですし、スタートアップの企業では社員のほとんどが無茶苦茶に働くのが当たり前になっていますが、なかでもマスクの働き方は尋常ではないだけに社員への要求も桁外れです。

ある記者が土曜日にテスラの本社を訪問したところ、会社の駐車場は車でいっぱいでした。記者が、土曜日なのにたくさんの社員が出社していて驚いたと伝えたところ、マスクはこう愚痴をこぼしたといいます。

「すっかり軟弱になっちゃってね。こんな甘えた状態でいいのかと全社にメールで活を入れようと思っていたところですよ」

なぜそんなにもハードワークを求めるのでしょうか？　ある社員が妻の出産に立ち会うためにイベントを欠席した際、マスクが送ったメールに理由があります。こんなメールです。

「本当にがっかりした。何をすべきか考えたことがあるのか。私たちは世界を変えようとしているし、歴史を変えようとしている。やるのか、やらないのか、どちらかはっきりしてもらいたい」

いまの日本なら間違いなくパワハラとなりますが、「世界を変える」ためには平気でこんな言葉を投げかけて、「どう思われようと知ったこっちゃない」と言うのもマスクなのです。

私は物理と商業を学びました。
何かをつくり出すためには、大勢の人を
取りまとめ、協力してもらう必要も
あると思ったからです

マスクの特徴のひとつは、自動車産業や宇宙事業というとてつもなく巨大なビジネスに挑んでいることです。大きな設備を必要とし、たくさんの人が働くのはもちろんのこと、こうした産業は組立メーカーとは別に何千社、何万社という協力会社が存在して初めてビジネスとして成立します。

そこにＩＴ企業とはまるで違う難しさがあります。マスクがそんな未来をどこまで予測していたかはわかりませんが、１９９２年、奨学金を得てペンシルベニア大学に編入したマスクは、有名なビジネススクールのウォートン校で経済学を学び、物理学の学位も取っています。当時からインターネットや持続可能なエネルギー、宇宙に関心を持っていたマスクは理由をこう話しています。

「私は物理と商業を学びました。そういったこと（インターネットや持続可能なエネルギー、宇宙への移住）の多くをするためには、宇宙がどのように動いているかを知る必要があるし、経済がどのように動いているかを知る必要があり、そして何かをつくり出すためには大勢の人を取りまとめ、協力してもらう必要もあると思ったからです。もしそれがすごいテクノロジーであれば、個人で何かを成すのはきわめて困難ですから」

壮大なビジョンの実現には、大勢の人をまとめ動かす力が不可欠なのです。

間違いは直してあげるのが当たり前だと
思っていたけど、それで本人の働きぶりが
悪くなるとはね

滅茶苦茶に頭がいい人の欠点として挙げられるのが、「他の人がなぜできないのかが理解できない」です。結果、誰かを怒らせたり、誰かを不愉快にすることもしばしばです。

マイクロソフトの創業者ビル・ゲイツがハーバード大学の学生だった頃の話です。

大学院数学課程の教授が30分かけて黒板で数学の問題を解いていたところ、ゲイツは「1箇所、間違ってますよ。教えてあげましょうか」と指摘。慌てる教授を見て面白がっていたという話がありますが、マスクもしばしば同じようなことをしています。

ジップ2時代、技術者たちが書いたプログラムを勝手に覗いて、ダメな部分を無断で直しては彼らを不愉快にさせていますし、別のときには量子力学の公式を使って量子確率を計算している社員の間違いに気づき、「おいおい、どうしたらそうなるんだ」と直したことで、相手の気分を害しています。マスクはこう振り返っています。

「間違いは直してあげるのが当たり前だと思っていたけど、それで本人の働きぶりが悪くなるとはね」

マスクには幼い頃から人の誤りを放っておけないところがあり、それが原因でしばしば人と衝突しています。いまでも不正確な情報をそのままにしておくことはできませんが、それでも「こう話したら、どう聞こえるのだろう」と時折自問自答することもあると言います。

The words of
Elon Reeve Musk

第7章

お金は「人類を救うため」に使え

ゆっくりやって利益を出すか、早く進めて利益は二の次か。私は後者を選んだ

企業にとって「利益を出す」ことは至上命題のように考えがちですが、利益よりも規模の拡大や顧客サービスの充実を優先すべきというのが、イーロン・マスクやジェフ・ベゾスの考え方です。

アマゾンは創業以来、ほとんど利益を出すことなくひたすら事業の拡大に邁進することで今日の地位を築き上げています。そこにあるのは、利益よりも成長を重視する姿勢です。株主から利益率の低さを指摘されることもしばしばでしたが、やるべきことが山とあるのに利益を出そうとするのは「愚かなこと」と一蹴しています。マスクはベゾスのような言い方はしていませんが、あるとき利益に対する考え方を聞かれ、こう答えています。

「事業を急拡大させ、大きな設備投資をしている間は、黒字化というのは難しい。もちろん我々はそれらのペースを落とすこともできる。そうすれば利益は確実に出る。しかし、私が重要視しているのは、短期利益よりも、ＥＶを長期でよりいいものにし、生産を最大化させること。これは単なる選択に過ぎない。ゆっくりやって利益を出すか、早く進めて利益は二の次か。私は後者を選んだ」

世間やウォール街にとっての正解が真の正解とは限りません。自分が正しいと信じたなら、それが正しい答えであると、そう信じて突き進むところにマスクの強さがあります。

金儲けのために悪魔に変身してしまう
人間もいるが、大切なのは、
そのお金を何に使うのかという目的を
はっきりさせておくこと

お金というのはなければ困りますが、あり余るお金を手にして人生を狂わす人も少なくありません。アップルの創業者スティーブ・ウォズニアックは株式公開によって得た資金でバカ騒ぎを繰り広げたことで知られていますが、それを横目で見ながらスティーブ・ジョブズは「お金で買いたいものなんてすぐに尽きてしまう」と冷静でした。

やがてジョブズはお金儲け以上に、「世界を変える」ことに注力することになりますが、マスクも同様でした。24歳でジップ2を設立、コンパックへの売却で2200万ドルを得たマスクはその資金でXドットコム（のちに『ペイパル』となる）を設立、2002年、イーベイの買収によってマスクは1億6500万ドルを手にすることになりました。

問題はこのお金をどう使うかです。お金目当てで起業した若者なら、小躍りして贅沢な暮らしをしたかもしれませんが、「世界を救いたい」と願うマスクにとって、このお金は自らの夢を実現するための小さな一歩に過ぎませんでした。こう話しています。

「金儲けのために悪魔に変身してしまう人間もいるが、大切なのはそのお金を何に使うのかという目的をはっきりさせておくこと」

大金を手にしたマスクは、学生時代から強い関心を持っていた「世界を救う」ためのビジネスをするために、スペースXやテスラモーターズの設立へと向かったのです。

気を散らすものや短期的思考から可能な限り解放される

株式を公開することは起業家にとっても、その会社で働く社員にとってもそれまでの苦労が報われ、夢がかなう瞬間です。

しかし、一方で株式を公開することはウォール街の気まぐれに振り回されることであり、絶えず株主の期待に応えなければという強迫観念と戦うことも意味します。

マスクはペイパルの株式公開とテスラモーターズの株式公開によって、大金を手にすることで自らのビジョンを叶えるべく挑戦ができたわけですが、とくにテスラモーターズでは激しく上下する株価に神経をすり減らす経験もしています。そのせいでしょうか、「2010年に公開したテスラモーターズの非公開化を検討している」と2018年8月にツイッターでつぶやいています。ここで四半期決算から解放されるメリットを強調しています。

「気を散らすものや短期的思考から可能な限り解放される」

マスクはスペースXを公開しない理由についてもこう話しています。

「社員は株価の動きに一喜一憂することに気を取られ、素晴らしい製品をつくり出さなくなります」

大きなビジョンを達成するためには長期的な見方と、ときに利益を度外視した挑戦が必要になります。マスクにとって、ウォール街の時間軸はあまりに短すぎるのです。

最後の１ドルまで会社のために使いたい

マスクはこれまでに何度も大金を手にしていますが、そのお金の大半をリスクの高い事業に平気で投資しています。成功した起業家の多くは、手にした大金は手元に置き、その信用力で資金を集めて次の事業に投資しますが、マスクは自らの資産を投資します。

こうしたリスクを顧みないやり方は、利口な人から見れば、「莫大なリターンを得るか、ホームレスになるかの2つにひとつ」となります。

実際、スペースXで3回の打ち上げに失敗、4回目の挑戦のために売れる資産はすべて売り、知人に多額の借金もして、破産寸前までいったのは前述のとおりです。

テスラモーターズも、開発の遅れから個人で社員の給料をまかなっています。

しかし、これほどの苦境に陥ってもマスクは事業から撤退するつもりはありませんでした。支援をしてくれる友人にこう打ち明けています。

「最後の1ドルまで会社のために使いたい。一文無しになってジャスティン（当時の妻）の実家に間借りせざるを得なくなったら、それはそれで受け入れるさ」

幸い4回目の打ち上げに成功、NASAとの大型契約によって会社もマスクも破産の危機を免れることができましたが、これほどの不退転の決意があったからこそ危機を乗り越えることができたとも言えます。

私が考えたのは「お金を儲ける一番いい方法にランキングされているものは何だろうか？」ではなく、何が人類の未来に最も影響を及ぼすだろうということでした

「お金が目当てで会社を始めて、成功させた人は見たことがない」はスティーブ・ジョブズの言葉です。では、何のために会社を始めるのでしょうか？　世界に自分のアイデアを広めたいとか、世界を変えたいといったビジョンを持ち、それを実現するために会社を立ち上げることこそ成功の鍵、というのがジョブズの考え方です。

ジップ2を立ち上げたときのマスクは、自分のアイデアを形にしたいと思って起業しています。そしてXドットコムでは既存の銀行に対する不満から、インターネット上の銀行をつくり世界を変えたいというのが起業の動機となっています。

では、両社の成功により大金を手にしたマスクは何を考えていたのでしょうか？

頭に浮かんだのが、早くから関心の高かった持続可能なエネルギーの生産と消費、そして複数の惑星で生きるために地球外に人類を進出させることでした。

なぜこの2つなのか？　理由をこう説明しています。

「私が考えたのは『お金を儲ける一番いい方法にランキングされているものは何だろうか？』ではなく、何が人類の未来に最も影響を及ぼすだろうということでした」

結果、選んだのは短期的にはお金儲けから遠いばかりか、多額の資金を必要とするものばかりでした。マスクにとって大切なのはお金儲けよりも「世界を救う」ことだったのです。

最悪の事態になったらテスラを買収してほしい

企業というのは成長する過程で、そのすべてを賭けるときが訪れることがあります。

かつてホンダの創業者・本田宗一郎は資本金が６０００万円にもかかわらず、４億円以上もかかる最新鋭の工作機械を輸入しています。すべては世界と戦うためでしたが、「潰れたらどうするのか？」と聞かれ、こう答えています。

「たとえうちが潰れても、国にそれだけの機械が残れば幸福だ」

この覚悟こそがホンダを世界企業へと成長させることになりました。テスラモーターズは過去にも資金繰りに窮《きゅう》して「もうダメか」という危機を迎えています。２０１３年４月、マスクはグーグルの創業者ラリー・ペイジにこんな依頼をしています。

「最悪の事態になったらテスラを買収してほしい」

ペイジはテスラの創業間もない頃に出資をし、「財産を残すならマスクに譲る。未来を変えられるからだ」と言ったといわれるほどマスクを高く評価しています。

マスクにとって大切なのは自分がＣＥＯであり続けること以上に、テスラが蒔《ま》いた電気自動車の芽を大きく咲かせることです。その夢を託せるのはペイジであり、その確信があれば危機にあってもさらにがんばれるというのが、マスクの心境だったのでしょう。

電気自動車の未来を潰さないという覚悟が感じられる言葉です。

優れたＥＶをつくっている限り、
テスラの存在意義があるのです

「世界が少しましなのはアップルがあるからだ。誰かがいいコンピュータをつくらないとね。アップルがやらなければ、おそらくどこもやらないだろう」は、経営危機に陥ったアップルを救うため暫定ＣＥＯに復帰したジョブズの言葉です。最高のコンピュータをつくれるのは自分だけだし、それこそがアップルの使命だという自負が伝わる言葉です。

テスラモーターズのＣＥＯを務めるマスクにも、こうした強い自負心があります。

テスラが生み出した電気自動車は間違いなく世界を変えました。電気自動車には大きな市場があり、電気自動車に消費者がお金を喜んで払うという事実を世界中に知らしめたのは、マスクの功績です。

反面、そこに大きな市場があるとわかれば、大手自動車メーカーが本気で生産に乗り出すのも当然のことです。大手が大量生産を開始すると、テスラの存在意義は薄れ、競争でも不利になるのでは、と質問されたマスクはこう答えています。

「最終的に自動車大手がテスラよりも優れたＥＶを生産できるようになれば、テスラは存在する必要はありません。優れたＥＶをつくっている限り、テスラの存在意義があるのです」

大手メーカーはたしかに電気自動車を量産することはできるかもしれないが、革命を起こせるのはテスラだけという自信が、マスクにはあるのではないでしょうか。

「私たちは世界に役立つことをしている」。
それが一番大事で、それこそが
私のモットーです

「私たちアップルの第一の目標は世界一のパソコンをつくることだ。最も大きな企業になることでも、最も金持ちの企業になることでもない」は、スティーブ・ジョブズの言葉です。起業家にはそれぞれ起業への想いがあり、その企業でどんなビジョンを実現しようとしているのかが企業の価値観を決め、企業の将来を大きく左右することになります。

企業の目標を、大きさや利益以外のところに置いているという点ではマスクも同様です。自らの目標についてこう話しています。

「私は単純な成長だけを目的に企業を成長させようとは思っていません。会社の成長よりもＥＶをもっと普及させることのほうがはるかに重要です。それが世界にとっていいことだからです。株価うんぬんは関係ありません。『私たちは世界に役立つことをしている』。それが一番大事で、それこそが私のモットーです」

テスラモーターズが目指しているのは、トヨタやＶＷのように年間１０００万台の自動車を生産して、自動車市場のナンバーワンになろうということではありません。大手自動車メーカーや消費者に電気自動車の素晴らしさを知らしめることで、自動車業界や人々の移動手段を変え、結果的に「世界を救う」というのがマスクの目指すものです。それは「人生で意義あることをしたい」と願い続けてきたマスクの変わらぬ信念でもあるのです。

The words of
Elon Reeve Musk

第8章

世界を変える男の私生活

女性には週にどのくらい時間を割けばいいのか、10時間くらいか

マスクは自らを「ワーカホリック」と称するほど仕事が大好きです。

ハードワークはマスクに起業家としての成功をもたらしますが、私生活には混乱しかもたらしていません。マスクは大学時代に知り合ったジャスティン・ウィルソンと最初の結婚をしていますが、マスクのハードワーカーぶりと亭主関白ぶりに怒りを覚えたジャスティンが「私はあなたの妻よ。部下ではないわ」と抗議すると、マスクが「もし君が僕の部下だったらきっとクビにしているさ」と反論するほどのケンカもしています。

その後、２人の間には双子と三つ子の計5人の子どもが生まれましたが、マスクがさらに仕事にのめり込んだことで距離は一層開き、２００８年のある日、マスクはジャスティンに「今日関係を修復するか、明日離婚するかだ」と告げ、翌日には離婚しています。

普通これだけの経験をすれば再婚には躊躇《ちゅうちょ》するものですが、マスクは離婚からわずか6週間後にイギリス人女優のタルラ・ライリーと婚約、２０１２年に離婚をしています。

都合3度の結婚と離婚を経験。それでも懲りないマスクは、こんなことを話しています。

「仕事と子どもたちとの時間はうまく割り振れているが、デートにもう少し時間がとれたらと思う。でも、女性には週にどのくらい時間を割けばいいのか。10時間くらいか」

ハードワーカーにとって平穏な結婚生活は望むべくもないのでしょうか。

学校の図書館でも近所の図書館でも読むものがなくなった

成功者には幼い頃から無類の読書好きが少なくありません。

発明王トーマス・エジソンは列車の売り子をしていた幼い日、列車の折り返し駅のデトロイトにある公共図書館の本をすべて読んだと言われていますし、世界一の投資家ウォーレン・バフェットも10歳の頃には地元オマハの図書館にある「金融」と名の付く本はすべて、それも2回ずつ読破したと言われています。

マスクも同様でした。8歳の頃に両親が離婚、母親とベビーシッターに連れられて、弟や妹とともに南アフリカの都市を転々とすることになりますが、当時のことをマスクはこう振り返っています。

「両親の都合で引っ越しが多く、子どもの頃は本ばかり読んでいました」

弟のキンバルによると、マスクは「1日に2冊読んでいた」というほどの読書好きであり、「自分はなぜ存在しているのか」という問題に直面して、哲学書から宗教関係まで本をむさぼるように読んでいたといいます。マスクはこんなことも言っています。

「学校の図書館でも近所の図書館でも読むものがなくなった。3年生か4年生の頃だ。新しい本を入れてくれと図書館に頼んだこともある」

マスクの成功を支えたもののひとつに、こうした圧倒的な知識欲があるのです。

アメリカの「やる気さえあれば何でもできる」という精神に惹かれていました

両親の離婚後、母親と暮らしていたマスクは、12歳のとき父親と暮らすという決断をしています。理由はマスクが信奉するコンピュータに代表されるテクノロジーにありました。マスクは父親に連れられてアメリカを訪問したことがありますが、そこはコミックと映画とテクノロジーの王国であり、南アフリカと違って自由を体現する国でもありました。

生まれた国に対する愛国心がなかったわけではありませんが、それ以上に「すごいことを可能にする」アメリカという国への憧れは強いものでした。こう話しています。

「アメリカの『やる気さえあれば何でもできる』という精神に惹かれていました。それに何と言っても最新のテクノロジーがありましたし」

当初、父親との移住を希望していましたが、その願いはかなわず、マスクは単身で南アフリカを離れています。１９８９年６月、カナダに単身移住したマスクは母親（カナダ人）の親戚の家を転々としながら、１日１ドル以下の生活を続けた後、オンタリオのクイーンズ大学を経て、１９９２年に奨学金を得てアメリカのペンシルベニア大学ウォートン校に進み、物理学と経済学の学士号を取得しています。

そして１９９５年、マスクはいよいよ「ＩＴの聖地」であり、たくさんの起業家が誕生したアメリカ・カリフォルニア州のシリコンバレーへと乗り込むことになったのです。

平均して女性1人あたり
2・1人の子どもをつくりなさい

マスクが目指しているのは「世界を救う」ことです。こうしたグローバルな視点を持っているかと思うと、驚くほど古風な考え方もしています。

最初の妻ジャスティンとの結婚披露宴の席上、マスクはダンス中にジャスティンを引き寄せてこう告げています。

「この夫婦のボスは僕だ」

実際、宣言通りの態度をとることも多く、２人の関係は対等というよりは「上司と部下」のような面もありました。それでも２人の間には５人の子どもが生まれ、再婚後もマスクは「もっと子どもが欲しい」と口にしています。理由は一風変わっています。

「もし優秀な人々が子どもを持たない風潮が何世代も繰り返されれば、大きな問題だ」

日本でもそうですが、出生率が２を切ると、その国の人口は減少へと向かいます。ましてや優秀な人たちにはその遺伝子を残す義務があるというのがマスクの考え方です。自社の社員にもこう言っています。

「平均して１人あたり２・１人の子どもをつくりなさい」

いまの時代、こうした発言は猛反発をくうところですが、「世界を救う」を使命とするマスクにとっては、これも本心からの言葉と言えるのかもしれません。

いまの子たちには、
逆境を人工的につくるしかないね

マスクの子ども時代は決して幸せに満ち満ちたものではありません。

父エロルの事業が成功したことで、大豪邸で暮らしたこともあれば、両親の別居によって母親との生活を送ったこともあります。

中学、高校時代には深刻ないじめにあって何度も転校をしていますし、大きなケガもしています。母親のもとを離れて父親と暮らすようになってからは、子どもたちを座らせたまま3時間も4時間も説教を続け、一切の口答えを許さない父親の横暴にも耐えています。

「父は、一緒にいて楽しいタイプの人間ではありませんでした」がマスクの父親評価です。

こんなつらく厳しい子ども時代を送ったマスクですが、南アフリカを離れてカナダに移ってからは、まさに生きていくために何でもするという生活も経験しています。

さらに成功してからも、あえて逆境の中に飛び込んでいくような日々を送っています。

そのせいでしょうか、自分の子どもたちを意識したこんな言葉を口にしています。

「学校では少々大変なこともあるだろうが、いまの学校は過保護だから。いまの子たちには、逆境を人工的につくるしかないね」

苦しい時代、つらい経験があったからこそいまのマスクがあり、絶望さえもあきらめずに乗り切る力を手にしたと言えます。その自信がこんな言葉を口にさせたのかもしれません。

僕と一緒になるということは、苦難の道を選んだことになる

女性にとって、億万長者と結婚するというのはどういうものなのでしょうか？　ほとんどの人は贅沢三昧の生活を想像するのではないでしょうか。あるいは、ビル・ゲイツの妻メリンダのように、財団をつくって世界のために何かをしようと崇高な思いに駆られる人もいるかもしれません。

２００８年、最初の妻ジャスティン・ウィルソンと離婚したマスクは、しばらくして新人女優のタルラ・ライリーと出会い、婚約しています。当時、マスクはテスラモーターズやスペースXを経営する大金持ちでしたが、両社ともまだ確固たる成果を上げておらず、子どもが5人いるということでライリーの両親は猛反対しました。しかしライリーは出会ってほんの数週間で結婚を決めています。

マスクは大きな指輪を渡して真剣にプロポーズしていますが、この言葉を付け加えることは忘れませんでした。

「僕と一緒になるということは、苦難の道を選んだことになる」

たしかに言葉通り、２００８年にマスクは財産のほとんどを事業に注ぎ込み、破産の危機に直面するなど苦難の時代を迎えます。マスクと結婚すること、それはジェットコースターのような人生を共に送るということなのです。

ええ、そこにありますよ。最速の車がね

マスクのテスラモーターズが最初につくった「ロードスター」は、車として格好いいことはもちろん、走行距離から加速性能まで、あらゆるスペックがそれまでの電気自動車のダメなイメージと大きく一線を画していました。

一時期、テスラと提携関係にあったトヨタ自動車の社長・豊田章男氏は、自ら自動車レースにドライバーとして参加した経験を持つ国際ライセンス保持者ですが、ロードスターに乗ってハンドルを握ったあと、「新しい風を感じる」とほれ込んでいます。

これほどの車をつくることができたのは、やはりマスク自身の車へのこだわりが影響しています。ジップ２の売却によって大金を手にしたマスクは、高級マンションのほか、世界に62台しかないと言われるマクラーレンのＦ１スポーツカーも手に入れています。

納車の日、取材に来たＣＮＮの記者に「素晴らしい人生か？」と聞かれたマスクは「ええ、そこにありますよ。最速の車がね」と答えるほど気に入っています。

まさに自慢の車ということで、オラクルの創業者ラリー・エリソンに「自動車レースでもしませんか?」と持ち掛けたほどですが、知人を乗せてある投資家に会いに行く途中、マスクの運転する車はスピンして傷だらけになるという災難に遭いました。

マスクにとって「車」はあくまでも格好よく速いものでなければならなかったのです。

火星で死にたい。衝突事故ではなく

スペースXのドラゴンが国際宇宙ステーションとのドッキングを成功させたことは、スペースXの管制室があるカリフォルニア州でマスクが語ったように「宇宙旅行の歴史の中で、大きな一歩と認識されることになる」出来事でした。

「大きな一歩」には2つの意味があります。ひとつはこれまで膨大なコストがかかっていた宇宙開発に関する費用を劇的に下げる可能性が出てきたこと、もうひとつはマスクが早くから夢見ていた火星へと人類を送り込むという夢物語にも可能性を開いたということです。

人類を火星に送り込むためには、短期間のうちにそのまま再利用ができる火星への輸送システムをつくり出すことが不可欠ですが、この成功以降、スペースXはファルコン9以外にも、大型のファルコンヘビーの打ち上げにも成功、着実に火星を目指して進化を遂げています。

では、マスク自身は火星へと移り住むことを考えているのでしょうか？

インタビューでは自分が行けるかどうかよりも、人類が生き延びることが大事だと答えていますが、別のインタビューにはこう答えています。

「火星で死にたい。衝突事故ではなく」

世界を救ったと実感できるときが来たら、それが火星へ移り住むときなのでしょう。

私はこれまで、トヨタをはじめとする日本の起業家はもちろんのこと、スティーブ・ジョブズをはじめとする海外の起業家について調べ、何冊かの本をまとめさせていただいたことがあります。世界を変えるほどの起業家は、いずれもどこかクレイジーですし、みんなが「無理だろう」と考えることでも「自分ならできる」と信じて突き進む実行力をもっていますが、そんな起業家たちの中でも、イーロン・マスクはやはり規格外のビジョンと実行力を備えています。ある行動経済学の専門家が「世界を変える人はギャンブラーと似ていて、なぜか自分が失敗するとは微塵も思っていない」と話していましたが、マスクの生き方を見るとまさに「失敗をものとも思わない強さ」を感じます。

もちろん私たち誰もがマスクのように考え、行動できるわけではありませんが、いまという時代、マスクのような人物がいることには感謝したいと考えています。

マスクを知ることは「希望」や「夢」の力を信じることにつながります。

マスクの言葉から何かを感じ取っていただければ、これに勝る幸せはありません。

本書の出版には、きずな出版の小寺裕樹氏と大岡千夏氏、Wonder Noteの青木一弘氏のご尽力をいただきました。心より感謝申し上げます。

また、執筆にあたっては、『イーロン・マスク　未来を創る男』（アシュリー・バンス著、斎藤栄一郎訳、講談社）、『バイラル・ループ　あっという間の急成長にはワケがある』（アダム・ペネンバーグ著、中山宥訳、講談社）、『対訳セレブたちの卒業式スピーチ　次世代に贈る言葉』（『CNN English express』編集部編集・翻訳、朝日出版社）、『洋泉社MOOKイーロン・マスク』（洋泉社）を参考にさせていただきました。

また、日本経済新聞、日経産業新聞、朝日新聞、毎日新聞、読売新聞、産経新聞の記事、および雑誌『日経ビジネス』『週刊東洋経済』『エコノミスト』『プレジデント』『フォーブス』『ニューズウィーク』『クーリエ・ジャポン』『ゲーテ』『ペン』『ログミー』『ブルームバーグ・ビジネスウィーク』『ＣＮＮ』の記事や、さまざまなウェブサイトも参考にさせていただきました。

いずれも労作であり、深く感謝いたします。

著者プロフィール

桑原晃弥（くわばら・てるや）

1956年、広島県生まれ。経済・経営ジャーナリスト。慶應義塾大学卒業後、不動産会社、採用コンサルタントの分野で実績を積んだ後、ジャーナリストとして独立。トヨタ式の普及で有名だったカルマン社の顧問として生産・ビジネスの現場を幅広く取材、トヨタ式のテキストや書籍の制作を主導した。

一方でイーロン・マスクやスティーブ・ジョブズなど、成功した個人の研究をライフワークとし、人材育成から成功法まで鋭い発信を続けている。

著書に『トヨタだけが知っている早く帰れる働き方』（文響社）、『トヨタ 最強の時間術』『スティーブ・ジョブズ名語録』（ともにPHP研究所）、『1分間バフェット』（SBクリエイティブ）、『伝説の7大投資家』（角川新書）などがある。

イーロン・マスクの言葉（時代を変えた起業家シリーズ）

2018年11月1日　第1刷発行

著　者　　　桑原晃弥

発行人　　　櫻井秀勲
発行所　　　きずな出版
東京都新宿区白銀町1-13　〒162-0816
電話03-3260-0391　振替00160-2-633551
http://www.kizuna-pub.jp/

協力　　　青木一弘（Wonder Note）
ブックデザイン　池上幸一
印刷・製本　モリモト印刷

ISBN978-4-86663-050-2

きずな出版